떠나갈 자유, 잊혀질 권리

떠나갈 자유, 잊혀질 권리
가슴 뛰는 2막을 위한 전원생활 도전기

초 판 1쇄 2025년 08월 29일

지은이 장오수
펴낸이 류종렬

펴낸곳 미다스북스
본부장 임종익
편집장 이다경, 김가영
디자인 임인영, 윤가희
책임진행 안채원, 이예나, 김요섭, 김은진

등록 2001년 3월 21일 제2001-000040호
주소 서울시 마포구 양화로 133 서교타워 711호
전화 02) 322-7802~3
팩스 02) 6007-1845
블로그 http://blog.naver.com/midasbooks
전자주소 midasbooks@hanmail.net
페이스북 https://www.facebook.com/midasbooks425
인스타그램 https://www.instagram.com/midasbooks

ⓒ 장오수, 미다스북스 2025, *Printed in Korea.*

ISBN 979-11-7355-469-8 03810

값 18,500원

※ 파본은 구입하신 서점에서 교환해드립니다.
※ 이 책에 실린 모든 콘텐츠는 미다스북스가 저작권자와의 계약에 따라 발행한 것이므로 인용하시거나 참고하실 경우 반드시 본사의 허락을 받으셔야 합니다.

미다스북스는 다음세대에게 필요한 지혜와 교양을 생각합니다.

가슴 뛰는 2막을 위한
전원생활 도전기

떠나갈 자유,
잊혀질 권리

장오수 지음

도시를 떠난 뒤에야
비로소 알게 된 것들

미다스북스

머리말　　　　　　　　　　　　　　　　　7

제1장　떠남과 남겨짐의 미학

잊혀질 권리　　　　　　　　　　　　　　11
전하지 못한 안부　　　　　　　　　　　　16
다시 겨울을 준비하며　　　　　　　　　　21
도시의 유혹적인 불빛　　　　　　　　　　26
한 해 끝에 남은 것들　　　　　　　　　　31
겨울의 종착역을 향하여　　　　　　　　　36
한가한 삶을 연습하며　　　　　　　　　　40
마음 닿는 곳으로 떠나갈 자유　　　　　　45
시골 노트: 초보 농사꾼의 하루　　　　　　49

제2장　전원의 시간, 마음이 머무는 곳

장터에서 먹는 국밥 한 그릇　　　　　　　53
고추밭과 콩밭에서 배운 겸손　　　　　　　58
세상에서 제일 맛있는 밥　　　　　　　　　63
된장 담는 날　　　　　　　　　　　　　　69
단골손님이 된 야생고양이　　　　　　　　74
쌀독에서 인심 난다　　　　　　　　　　　80
귀촌에도 월말은 있다　　　　　　　　　　84
허공에 그려진 삶　　　　　　　　　　　　90
시골 노트: 전원살이의 보람과 재미　　　　95

제3장 책에 기대어 살아가는 마음

어둠 속 등불 같은 작가와 작품들	99
나는 왜 하필 야구를 좋아해서	104
멀고도 가까운 사숙 장석주	109
노동과 놀이 사이	114
선비 정신을 파괴하라	120
쓰지 못한 날의 문장	125
『위대한 개츠비』는 왜 위대한 것일까?	129
열정의 화신 안나 카레니나	134
시골 노트: 책 읽기의 즐거움과 여유	138

제4장 기억은 언제나 소리로 돌아온다

나갈 때는 순두부찌개 들어올 때는 김치찌개	143
조용필, 바람의 노래 그리고 은가은	149
라오스에는 라오스 사람들이 살고 있다	155
가우디가 사랑한 바르셀로나	161
하루키가 설거지하며 듣는 음악은?	167
흡연, 금지를 금지하라	171
야구의 정석 직관 필패	177
2G폰 회군	183
공자의 속마음을 거꾸로 읽다	188
시골 노트: 라오스에도 야구팀이 생겼다던데	193

제5장 삶에 대한 농담과 진담

오래 보아야 아름답다	197
내 마음의 고향 광명천지	202
필리핀 댁 이멜다	207
아들이 아버지가 되기까지	213
욕망의 바벨탑 아파트	218
한국 남성의 숙명적 통과의례	223
상선약수	228
벚꽃비 내리는 안양천 산책	232
지워지지 않는 촌놈 유전자	238
시골 노트: 대지에 희망이 움트기 시작하면	243

맺음말   245

머리말

시계추처럼 아무 의미도 보람도 없이 왔다 갔다 하는 생활에서 탈출하기 위한 가장 큰 장벽은 두려움과 망설임입니다. 이것을 극복하지 않

고 여기에서 탈출하는 것은 불가능합니다. 오늘도 파김치처럼 축 처진 채 직장과 집 사이를 무한진자운동하고 있습니다. 언제까지 허송세월하고만 있을 수는 없습니다.

저 너머 아스라한 그곳이 복사꽃 은은한 낙원이 아니라 험한 가시밭으로 둘러싸인 불모의 땅일지라도 한 번은 가 보고 두 눈으로 확인하고 나서야 후회하고 좌절하고 싶습니다. 한 번 시도해 보지도 못한 채 망설이기만 하다가 이 삶을 모두 소진해 버리는 날이 올까 두렵습니다.

이제 작고 가녀린 날개를 펴고 저 두려움과 망설임이라는 큰 장벽을 뛰어넘고자 합니다.
가슴 뛰는 그곳을 향한 힘찬 날갯짓!
그 작은 비상을 위해 가장 좋은 날은 바로 오늘입니다.

제1장

떠남과
남겨짐의 미학

익숙한 풍경을 벗어나기 위해 우리는 이따금 스스로를 낯선 곳으로 내몰기도 합니다. 그 끝에는 자신이 머물고자 했던 시간들이 있으리라 믿습니다.

잊혀질 권리

그동안 고마웠습니다. 안녕히 계십시오.

이형기 시인은 말했습니다. "떠나야 할 때가 언제인가를 알고, 돌아서는 이의 뒷모습은 얼마나 아름다운" 지를. 저도 뒷모습만 남긴 채 조용히 떠나고 싶었는데 그러지 못하고 몇 자 인사를 남깁니다. 이것도 미련한 자의 마지막 미련입니다. 코로나19로 자영업자들이 줄폐업하고 대학 졸업생들도 취업을 못 하는 마당에 잘 다니던 직장을 그만두고 떠난다는 것이 민망하기도 하지만 이젠 돌이킬 수 없게 되었습니다. 회사를 그만두고 나가서 도대체 뭘 할 거냐고 묻는 말에 대한 대답은 이 시가 대신해 주고 있습니다.

"내 일생 소원은 일 안 하고 노는 일
그러나 내 일생 걱정은 일용할 양식"
- 이세룡, 「1972년 여름날의 럭비구경」 중에서

제가 직장을 그만두고 하고 싶은 일이 바로 '일 안 하고 노는 일'입니다. 그럼에도 지금까지 그 꿈을 시도할 수 없었던 것은 '내 일생의 걱정 (인) 일용할 양식' 때문이었고. 하지만 이제 더 이상 미룰 수 없습니다. 그러기 위해서는 앙드레 지드의 『위폐범들』 속 "새로운 땅을 발견하기 위해서는 이미 떠나온 바닷가를 바라보지 않기로 작정해야 한다."라는 말과 같은 발상의 전환도 필요했습니다.

25년을 넘는 직장 생활 동안 특출한 성과를 내지 못했고 진급도 별로 못했습니다. 회사에서 인정받고 진급을 거듭했다면 중간에 회사를 떠나겠다는 생각은 못 했을 겁니다. 남들보다 뒤처졌던 그런 상황들이 이런 위험천만한 발상을 시도하게 만든 명분을 주었고, 지금의 계획을 실현하게 만든 원동력이 되었다고 생각하니 전화위복이 따로 없습니다.
어쩌면 저라는 사람은 애초부터 회사나 단체 생활에 어울리지 않는 사람이었는지도 모릅니다.
남들은 정년을 꽉꽉 채울 때까지 어떻게라도 버티는 마당에 자진해서 회사를 그만두면서까지 하고 싶다는 그 일이라는 게 도대체 무엇이었을까요? 그것은 책을 읽고 글을 쓰면서 사는 생활입니다. 겨우 그런 일 때문에 다니던 회사를 때려치운다고? 그렇습니다. 저는 겨우 그런 사람입니다. 정상적인 사고를 가진 사람이라면 생각할 수도 없는 전혀 무가치한 일, '일'이라고 할 수도 없는 그 일을 위해 멀쩡히 다니던 직장을 때려치웠으니까요.

이와 비슷한 생각을 저 혼자만 한 것은 아니었습니다.

인문학자 김경집 교수는 25년을 배우고 25년을 가르치고 25년은 책을 읽으며 살겠다는 신념에 따라 25년이 지나자 미련 없이 교수직을 그만두었습니다. 그리고 충청도 소도시로 내려가 작은 집을 짓고 책을 읽으며 생활하기 시작했습니다. 장석주 작가 역시 자의 반 타의 반이긴 했지만 서울 생활을 접고 안성 금광호수 주변에 '수졸재'를 짓고 책을 읽으며 생활하기도 했습니다.

그동안에도 틈틈이 책은 읽어왔습니다.

책이라는 속성이 참으로 묘해서 읽으면 읽을수록 읽을 책이 점점 늘어납니다. 한 권의 책을 읽다 보면 그 속에서 또 다른 책이 나오고 읽어야 할 책은 한없이 늘어나는 기현상이 발생합니다. 제가 읽고 싶은 책 목록도 감당할 수 없을 지경으로 늘어났습니다. 이 상태를 계속 방치하다가는 책의 무게에 질식해 버릴 것 같습니다. 그래서 궁리 끝에 생각한 것이 직장을 그만두고 책 읽기에 오로지하겠다는 황당무계한 결론입니다. 하지만 당장 먹고사는 일이 해결되지 않는데 책 읽는 일이 무에 그리 급한 일이었겠습니까? 그야말로 언감생심일 뿐이었습니다.

하지만 아이들이 대학을 졸업하면 제가 하고 싶은 그 일을 하면서 조용히 삶을 마무리하겠노라고 늘 생각해 왔습니다. 그것이 15년 전이었습니다.

만 권의 책을 읽고 만 리를 여행해야 한 줄의 글을 쓸 자격이 생긴다는 말이 있습니다. 저 같은 사람에게 만 권의 독서는 이룰 수 없는 목표이고 '남아수독오거서(男兒須讀五車書)'라고도 했으니 다섯 수레 정도면 충분할 것입니다. 제가 좀 아둔하긴 해도 이런 머리는 잘 돌아갑니다. 두 수레 정도 읽었으니 아직 세 수레가 남았습니다. 그래서 마음이 더 바빠집니다. 앞으로 30년 정도면 나머지 세 수레도 마저 읽을 수 있을 것 같습니다.

흔히 한 세대를 30년으로 잡습니다. 이 기간은 토성의 공전 주기인 29.5년과 거의 일치합니다. 서양에서는 토성을 이르러 '엄격한 감시의 눈'이라고 부릅니다. 제가 살아온 길을 돌아보면서 우연한 일치 하나를 발견했습니다. 29년을 주기로 저의 삶이 바뀌었다는 것입니다. 제가 29세 때 지금 다니는 직장에 입사해서 올해로 29년간 근무했습니다. 그래서 새로 시작할 생활도 29년이 지나면 마무리되리라는 묘한 예감이 듭니다. 그 마무리는 물론 100%의 확률로 다가오는 죽음이 될 것입니다.

죽음은 아무리 외면해도 결국 다가오고야 마는 인간의 숙명이고 종착역입니다. 그것을 일찍부터 의연하게 받아들인다면 남은 시간을 더 의미 있게 보낼 수 있을 것입니다. 저는 그리하고 싶습니다. 멀리서 엄격한 눈으로 지켜보고 있을 누군가를 생각하면서 한눈팔지 않고 묵묵히 걸어가려 합니다.

새들은 둥지를 짓고 알을 낳아 정성스럽게 새끼들을 키우고 그 새끼가 날 수 있게 되면 영영 헤어집니다. 사람의 삶도 그와 마찬가지일 것입니다. 그런 생각 때문에 갓 성년이 된 아이들을 떼어놓고 떠나는 무모한 도전을 한결 쉽게 감행할 수 있었습니다. 너무 매정한 애비입니다.

유한양행을 창립하고 학교를 세워 교육에 일생을 바쳤던 유일한 박사는 유언장에서, 손녀에게 대학을 졸업할 때까지 필요한 2만 달러를 남겼고 아들에게는 이런 유언을 남깁니다. "아들은 대학까지 졸업시켰으니 자립하라." 그리고 남은 당신의 모든 주식은 기부했습니다. 유일한 박사가 아들에게 남겼던 그 유언을 제 아이들에게도 들려주고 싶습니다.

간단히 인사드린다는 것이 교장 선생님의 훈시처럼 늘어졌습니다. 떠나면서 한 가지 더 부탁드리겠습니다. 이제 저에게도 잊혀질 권리를 주십사 하는 부탁입니다. 어느 날 길을 걷다가 우연히 땅바닥 맨홀에서 저의 이름을 발견하게 되면 그래 그런 사람이 있었지, 하고 떠올리는 정도면 족하겠습니다.

전하지 못한 안부

고요한 새벽입니다.

월드컵 축구 중계를 이른 새벽에 한다고 해서 일찍 일어나려 했는데 굳이 보지 않아도 될 점수로 끝났네요. 하긴 브라질과는 워낙 실력 차이가 나니까요. 그래도 혹시나 하고 은근히 기대했는데 역시.

한동안 소식 전하지 못했습니다.

한동안이라고 하기에는 너무 긴 시간입니다. 벌써 계절이 한 번씩 바뀔 정도의 시간이니. 이사를 했노라고 짧게 통화한 후 곧 연락하려니 했는데 그도 마음뿐이었던 것은 역시 천성 탓인가 봅니다. 어떤 분들은 마주 보며 이야기하듯 꽤 길게 통화를 하는데 저는 그것이 쉽지 않습니다. 전화기를 붙들고 1시간도 넘게 하하 호호 이야기하고도 끊을 때가 되면 아쉬운지 자세한 이야기는 만나서 하자는 여자들을 볼 때면 웃어야 할지 울어야 할지 모르겠습니다.

마음속 말을 조곤조곤 나눌 수 있는 것은 전화보다는 역시 편지가 최고라고 생각하는 시대에 뒤떨어진 사람입니다. 이제야 겨우 안부를 전하는 것은 이사 후에 할 일들이 생각보다 많고 오래 걸려서였습니다. 강아지나 고양이도 새로운 집으로 오면 며칠씩 끙끙거리다 한참 지나서야 낯선 환경에 조금씩 적응해 간다고 하는데 사람인 저임에야.

새 생활이래야 백수와 다름없는데 무슨 큰일을 시작한 것처럼 이야기하는 것이 쑥스럽습니다.

사람에겐 사람이 제일 무서운 법이라고 했습니다. 이사 와서 제일 시급한 것도 주변 분들과 어우러짐을 배우는 것이었습니다. 사회성이 부족하고 이런저런 관계를 맺고 어울리는 것을 즐겨하지 않다 보니 그런 쪽을 어떻게 풀어나가야 할지 고민이 많았습니다. 그저 혼자 조용히 살면 되겠거니 하지만 주변 사람들을 모른 척할 수도 없는 노릇입니다. 그래서 주변에 사는 분들께 이사떡을 돌리면서 인사를 드렸습니다. 시루떡 한쪽만 달랑 들고 가는 것이 낯간지러워 처가에서 가져온 양파 두 개씩을 함께 싸서 이틀 동안에 인사를 드렸습니다.

처음에는 쑥스럽고 쭈뼛쭈뼛해서 아내 뒤를 슬금슬금 따라다녔는데 한두 집 다니다 보니 다들 반갑게 맞아주시는 것에 용기가 생겼는지 마지막에는 꽤 자연스럽게 인사를 나누었습니다.

집집마다 오이니 가지에다 상추에 풋고추까지 나눠주셔서 몇 집 인사를 마치고 나면 한 보따리가 되곤 했습니다. 인사를 드리고 났더니 지나면서 이사 축하한다고 화장지 한 묶음씩을 들여다 주고 가시는 바람에 또 한 번 놀랐습니다. 오랜만에 느껴 보는 포근함입니다.

한 가지 더 다행한 일이라면 이곳은 매스컴에서 오르내리곤 하는 외지인과 기존에 살던 사람들 간의 알력 같은 것이 거의 없다는 점입니다. 제가 이사 온 곳은 오래된 집성촌 뒤편을 받치고 있는 산기슭에 외지인들이 군데군데 집을 짓고 사는 곳입니다. 동네 주민들과 외지에서 온 분들은 크게 간섭하지 않고 각자 살아가고 있지만 나름의 방식으로 화합을 위해 애쓰기도 합니다.

매월 마지막 주 토요일 아침에 마을 대청소를 합니다. 하루 전날 이장님이 미리 방송합니다.

드라마에서 시골 마을 이장님이 마을 전체가 쩌렁쩌렁 울릴 정도로 방송하는 장면을 떠올리시면 됩니다.

내일 아침 6시 반부터 마을 대청소를 실시하오니 한 분도 빠짐없이 나오시고, 이번에는 도로변 풀을 벨 예정이니 예초기를 가지고 나오시고, 예초기가 없는 분들은 낫이나 빗자루를 가지고 나오라고. 동이 트면 한 분씩 마을회관 주변으로 나와서 예초기나 낫으로 풀을 베고 청소를 한 후에 부녀회원들이 준비한 아침 식사를 합니다.

식사 전에 이장님이 공지 사항을 전합니다. 퇴비와 농사용 비닐은 이번 주까지 반장님께 신청해 주시고 마을회관 옆 분리수거 통에 폐비닐을 몰래 버린 사람은 자진해서 다시 가지고 가라거나 등등입니다. 새로 이사 온 사람들을 마을 주민들에게 인사도 시킵니다.

저도 그런 자리에서 동네 분들께 인사를 드렸습니다. 덕분에 산책길에서 동네 어르신들을 만나면 인사하는 것도 자연스러워졌습니다. 사람들과 가까워지는 데는 인사만 한 것이 없고 인사가 주는 무게와 효과에 놀랄 때가 많습니다.

지나는 사람들을 멀뚱멀뚱 쳐다만 볼 수도 없어서 초면이지만 안녕하세요, 하고 인사를 하거나 강아지가 예쁘네요, 이름이 뭐래요 등등 말을 건네다 보면 처음에는 어색해하던 분들도 일부러 차를 세우고 인사를 하기도 합니다. 집이 도로 옆에 담장도 없이 툭 터진 곳에 있다 보니 그러지 않을 도리가 없었습니다. 그렇게 이웃 주민들과 어우러지는 법을 찾아가고 또 적응해 가고 있습니다.

이사를 하고 나서 곧 장마가 시작되었습니다.

수십 년 만에 내리는 폭우라고 할 만한 기록적인 비가 내렸습니다. 빗물이 축대 안으로 스며들어 겉은 멀쩡해 보이는데 속은 작은 항아리 하나가 들어갈 정도로 텅 비어 있습니다. 비가 그치자마자 갈라진 축대 틈을 돌로 채우고 빗물에 깎여 비탈진 축대를 높여야 했습니다. 집 주변이 다 그 모양이다 보니 축대 틈을 메우고 높이기 위해 주워 온 돌과 흙들이 적게 잡아도 한 트럭은 될 것 같습니다.

날은 덥고 해보지 않던 힘 쓰는 일을 하다 보니 몸이 견디질 못하고 몸무게가 줄어들었습니다. 개울가의 돌을 끙끙대며 시장 갈 때 쓰는 카트에 싣고 밀고 끌며 옮겨와서 하나씩 쌓아갔습니다. 큰 돌을 나르다 보니 카트는 휘어지고 바퀴가 구르지 않게 되었습니다. 그래도 그것이 유일한 운반수단인지라 망치로 두드리고 펴서 쓸 때까지 썼습니다. 더 이상 못쓰게 되면 새 카트를 사서 다시 돌을 날랐습니다. 아내는 날마다 돌을 주워 올리고 나르느라 돌을 나르는 꿈까지 꾼다고 했습니다.

 축대를 두어 자 가까이 더 쌓아 올리고 흙을 채워 넣으니 가파르던 정원이 제법 완만하게 만들어졌습니다. 그렇게 몸에 멍이 들도록 축대를 쌓은 것이 한 달 넘게 걸렸습니다. 이제는 멍도 가시었고 다섯 근 정도 빠졌던 몸도 거의 회복되었습니다만 지금도 그 일을 생각하면 아찔하고 땀이 송골송골 맺힙니다. 아직도 산책 갈 때 카트를 가지고 다닙니다. 지나가다가 큼지막한 돌이 보이면 저 돌은 어디에 놓고 어떻게 쓰면 좋을지를 먼저 생각합니다. 어느 날은 산책하다가 전원주택 조성지에서 축대를 쌓고 있는 분들을 한동안 넋 놓고 구경하다 왔습니다. 아내가 유심히 보고 나더니 그러네요. 저 정도 솜씨라면 우리도 충분히 축대 쌓는 아르바이트하러 다녀도 되겠다고. 어디서 오는 자신감인지.

다시 겨울을 준비하며

해거름이 지나자 어디선가 모닥불 냄새가 날아와 마음 한 켠을 살짝 건드립니다. 저녁 바람이 밤나무에 남아 있던 밤톨들을 후드득 떨어뜨리는 소리도 들립니다. 산기슭의 가을은 유난히 짧습니다. 올해처럼 무덥고 긴 여름이 지나고 보니 가뜩이나 짧은 가을이 더 짧게 느껴집니다. 주변 밭에는 수확하느라 바쁩니다. 고구마를 시작으로 땅콩, 참깨, 들깨, 녹두, 서리태, 여기서는 달랑 무라고들 부르는 알타리까지 수확하느라 부산합니다.

저는 올해 뒤늦게야 집 옆의 묵정밭을 하나 빌려 개간한 까닭에 특별히 거두어야 할 작물도 없어 느긋합니다. 개간한 밭에는 김장이나 직접 해볼까 하고 배추와 무를 심었습니다. 처음 심어보는 배추와 무인지라 심고 가꾸는 법을 몰라 건너편 광일 형님께 일일이 물어보고 흉내 내 가면서 여름 한 철을 견디어 냈습니다.

무와 배추를 심어놓고 나서야 작물 하나를 가꾸는 것이 어린아이를 보살피고 키우는 것에 버금가는 정성이 든다는 것을 알게 되었습니다. 남들 밭을 볼 때는 그저 씨 뿌리고 모종을 심어놓고 시간이 지나면 저렇게 탐스럽게 자라는구나 하고 생각했는데, 막상 제가 키워보니 그보다 훨씬 큰 보이지 않는 노력과 정성이 숨겨져 있음을 새삼 느낍니다. 여름 치고 무덥지 않았던 때가 어디 있겠습니까마는 이번 여름은 유난히 덥고 장마가 길어 배추 재배가 힘든 해였습니다. 벌써 배추 작황이 좋지 않아 배춧값이 폭등하고 있다는 보도가 연일 나오고 있습니다.

  배추 모종을 심었는데 초반 무더위가 심해서 모종이 뿌리를 내리기도 전에 모두 햇볕에 타 버려서 다시 사서 심는 경우도 많았습니다. 모종을 심고 나서 차양을 씌워주라고들 해서 그렇게 했더니 그나마 모종이 죽는 일은 막을 수 있었습니다. 장마로 인해 무름병이라는 또 다른 과제를 놓고 한 철 내내 씨름했습니다. 잎과 줄기가 물러지고 포기가 주저앉은 배추들을 모두 뽑아냈습니다. 장마철이라 수분이 너무 많아서이기도 하지만 배추에 필요한 필수영양소인 칼슘이 부족해서 그렇다는 말을 듣고 부랴부랴 무름병약과 칼슘, 붕사가 섞인 약을 사서 일주일 간격으로 몇 차례 뿌리고 다른 해충 약도 거듭 뿌려줬습니다.
  그렇게 해서 무름병은 어느 정도 잡을 수 있었는데 배춧잎이 자꾸만 갈색으로 타들어 갑니다.
  약을 너무 과하게 뿌려서 그렇다고 하고 물을 너무 안 주어서 그렇다고도 합니다. 병에 걸려 시들해진 배추를 보면서 마음만 급해서 이것저

것 가리지 않고 농약을 뿌려댔더니 탈이 났던가 봅니다. 다른 방법이 없어 아침저녁으로 하루걸러 한 번씩 물을 계속 주었습니다.

그렇게 한여름이 지나고 배추를 끈으로 묶어 주었더니 속이 조금씩 차오르고 모양이 제법 갖추어져 가고 있습니다.

11월이 되면 날씨가 급격히 추워집니다. 이곳 날씨는 도시와는 양상이 매우 다릅니다.

낮에는 화창하다가도 해가 지고 나면 기온이 갑작스럽게 뚝 떨어집니다. 거기다 이곳이 산기슭이다 보니 아랫마을보다 기온이 1, 2도 정도는 더 낮습니다. 입동 추위가 닥칠 것이라는 예보가 있어서 부산하게 밭 설거지를 시작합니다. 당장 배추와 무가 얼지 않도록 덮어주어야 합니다. 배추는 영하로 떨어져도 어느 정도 견디지만 무는 영하로 떨어지면 바로 얼어버립니다. 그래서 기온이 영하로 내려가면 제일 먼저 무를 덮어주어야 합니다.

올해 처음으로 심은 마늘밭도 짚으로 덮고 그 위에 부직포를 덮었습니다. 무와 배추를 캐내고 난 밭은 한겨울 내내 빈 땅으로 놀리게 되는데 많은 분이 그 땅에다 겨울을 나는 마늘을 심습니다. 저도 내년 봄에 수확해 볼까 하고 마늘 종자 반 접을 사서 심어봤습니다. 그것도 모두 앞뒷집에 계시는 어른들께 방법을 물어보고 대충 흉내를 내기는 했는데 제대로 수확할 수 있을지는 확신하지 못하겠습니다.

입동 추위가 지나고 나면 다시 날이 풀린다고 합니다. 그러면 일주일 정도 더 있다가 김장을 할 예정입니다. 배춧속이 제대로 들었을지가 걱정이긴 합니다만 그래도 제가 심은 배추로 김장해서 먹을 생각을 하니 벌써 뿌듯합니다. 아들딸에게도 몇 포기 보내 주어야 하겠습니다.

멀리서 보는 사람은 눈 내리는 산기슭의 겨울이 낭만적으로 보이겠지만 직접 겪는 사람에겐 길고 긴 인고의 시간입니다. 남들은 5도 2촌이니 2도 5촌을 말하지만 저는 그럴 처지도 아니고 겨를도 없습니다. 세 번째 맞는 겨울이지만 혹한의 추위는 아직도 적응되지 않습니다. 겨울을 맞는 마음은 추위가 오기도 전에 벌써 얼기 시작합니다. 하지만 어찌하겠습니까, 스스로 이곳에 터를 삼은 사람이니 어떻게든 맞춰가며 살아가야 합니다.

도시의 유혹적인 불빛

도시의 불빛은 아직도 유혹적입니다.

그 불빛은 저에게 다시 이 도시로 돌아오라고, 어둡고 쓸쓸한 그 산기슭으로 돌아가지 말라고 손짓합니다. 제가 사는 곳은 해가 지고 나면 모든 불빛이 꺼져버리고 짙은 어둠과 적막만이 찾아듭니다. 드문드문한 집들은 낮에도 인기척이 별로 느껴지지 않는데 해가 지고 나면 멀리 있는 집들은 별빛처럼 깜빡일 따름입니다. 처음 이사 와서 해가 지자마자 갑작스럽게 밀려오는 캄캄한 어둠과 정적에 깜짝 놀랐습니다. 이곳에서 어둠의 순수한 본질과 맞닥뜨린 셈입니다.

이런 풍경에 익숙해 있다가 한 번씩 도시에 나가면 또 한 번 놀랍니다. 어둠이 내리기 시작하면 도시의 불빛은 생기를 더하고 활기를 띠기 시작합니다. 몸은 아직 지워지지 않는 문신이나 낙인처럼 그 불빛을 기억하고 있습니다. 제 몸 곳곳에 남아 있는 수없는 밤의 기억들이 다족류나 연체동물처럼 스멀스멀 기어 나오는 느낌이 듭니다.

　근무 시간이 끝나기 1시간 전부터 은밀한 모의를 하듯 낮은 목소리로 전화를 걸기도 하고 SNS로 그날의 밤놀이 친구들을 모집합니다. 근무 시간이 끝나자마자 약속 장소로 부리나케 달려가면 일행들의 반가운 손짓이 술잔을 재촉하고 숯불 위에서 지글지글 구워지고 있는 뒷고기 냄새가 위장을 자극합니다. 앉자마자 첫 잔을 한 번에 기울이며 시작된 자리는 거나하게 흥취가 올라 맥줏집으로 자리를 옮겨 마지막 입가심으로 마무리할 자정 무렵까지 계속됩니다. 이런 것들이 지친 하루를 위로하고 마음의 짐을 풀어버리는 직장인들의 빠뜨릴 수 없는 즐거움 중 하나 아니겠습니까.

그런 도시의 유혹을 잘 알기 때문에 되도록 바깥나들이를 하지 않으려고 애씁니다. 하지만 두어 달에 한 번 정도는 밖으로 나가야 할 일이 꼭 생깁니다. 그래서 일을 마치면 곧바로 되돌아오기에 바쁩니다. 그것만이 저를 도시의 유혹으로부터 다잡는 유일한 방법입니다.

아파트로 밀집한 화려한 불빛과 부지런히 오가는 사람들의 활기차고 싱그러운 모습들은 산기슭으로 향하는 저의 발길을 붙잡지만 그럴 때마다 세차게 머리를 흔들며 돌아오는 발걸음을 재촉합니다. 막상 길을 나서면 제 마음은 산기슭의 보금자리로 저보다 먼저 건너와 있습니다. 종착역에 내리면 뒤도 돌아보지 않고 마을버스 정류장으로 발걸음을 옮깁니다. 이곳까지 따라온 도시의 기억들이 저를 따라올까 봐.

마을로 들어오는 버스를 타고 마을회관에 내립니다. 함께 내린 어르신 두어 분과 인사를 나누고 큰길을 벗어나 산길로 접어드는 길목에서 마음의 문을 닫고 자물쇠를 채웁니다. 들떴던 마음이 도시로 향하는 것을 막고 미처 떨쳐버리지 못한 도시의 그림자들이 따라오지 못하도록.

산길 모퉁이를 돌 때마다 도시에서 남은 기억의 잔가지를 하나씩 잘라냅니다. 그렇게 하지 않으면 끝없는 유혹에 시달리다가 저도 모르게 다시 도시로 발길을 돌리게 될지도 모릅니다.

제가 이렇게 문을 잠그고 기억의 가지를 잘라낼 수밖에 없는 것은 제 마음이 아직도 단단해지지 않았기 때문입니다. 도시의 유혹을 먼 옛사랑처럼 담담히 떠올릴 정도가 될 무렵에야 굳게 걸어 잠근 자물쇠도 풀고 기억의 가지치기도 하지 않을 것입니다.

저의 이런 말을 들으면서 잿빛 가사를 입은 선승의 모습을 떠올리신 다면 그건 잘못 보신 것입니다. 저 역시 오늘을 사는 평범한 생활인의 한 사람에 불과합니다. 다만 고요와 침묵을 방편 삼고 그것을 즐기고자 하는 사람일 뿐입니다.

몸에 묻은 먼지를 한 번 더 털고 나서 모퉁이를 돌면 문 없는 대문이 있는 집에 도착합니다.

대문 위에 걸린 '망미재'라는 현판을 한 번 올려다보고 문 없는 대문이 굳게 닫혔는지 확인합니다.

돌아와 보니 영산홍의 붉은 꽃이 만개해 있습니다. 영산홍은 이사 올 때 빙 둘러 울타리 삼아 심었습니다. 위리안치(圍籬安置)형을 받고 귀양 온 선비의 집에 둘러쳤던 탱자나무같이 저를 이곳에서 벗어나지 못하도록 막고 있는 붉은 울타리입니다.

그 영산홍 울타리에 저를 숨기고 집 안으로 들어갑니다. 내일부터는 언제 그랬느냐는 듯이 다시 책상 앞에 앉아 미루어 두었던 두꺼운 책을 천천히 넘기고 있을 것입니다.

그 외진 곳에서 아무 하는 일 없이 혼자 책이나 읽으면서 시간을 보내는 것은 생활이 아니고 자기 학대에 다름 아니라고들 말하지만, 이것은 저를 단죄하려는 것이 아니라 은거와 출가의 중간쯤 어딘가에 자리하는 저 나름의 생활 방식입니다. 이제 다른 사람의 평가나 잣대는 아무 의미도 없습니다. 오직 제가 하고 싶은 일을 하고 하기 싫은 일은 하지 않을 따름입니다. 거실의 넓은 창문 밖으로 붉게 타오르는 영산홍이 장관입니다.

한 해 끝에 남은 것들

　우리나라 사람들은 별나게 모임 만드는 것을 좋아합니다. 세 사람만 모이면 모임 하나를 만들고 회장, 총무를 뽑는다는 말은 우스개가 아닐 정도입니다.
　지구에 생명체가 탄생한 후 지금까지의 시간을 1시간으로 환산할 때 인간종은 53분 정도에 탄생했습니다. 호모사피엔스라는 면류관을 스스로 하사한 인간들은 태어난 지 겨우 7분밖에 되지 않은 셈입니다. 거기에다 21세기 현재까지도 인간의 유전자는 석기시대 유전자의 90%를 그대로 지니고 있다고 하니 놀랍기 그지없습니다. 인간은 지구의 주인이며 가장 위대하고 지혜로운 종이라는 자부심에 들떠 있지만 유전적으로는 돌도끼와 돌창을 가지고 사냥하던 상태에서 별로 나아진 것이 없다는 말이기도 합니다. 석기시대 사람들이 무리를 지어 맹수로부터 자신들을 지키고자 했던 생존본능이 모임을 만들고자 하는 욕망으로 변형되어 나타나는 것으로 생각됩니다.

세상에는 다양한 모임들이 많습니다. 무슨 무슨 향우회를 시작으로 각종 운동이나 낚시 같은 취미 동호회는 기본이고 회사 동료들끼리 혹은 또래끼리 별별 모임이 다 있습니다.

이름도 기발함과 재치가 번득입니다. 58동지회나 홍탁회, 방어회, N빵회 등등.

저도 직장 다닐 때 '벌써 1년'이라는 특이한 모임이 있었습니다. 1년 내내 한 번도 연락이 없다가 연말이 되면 누군가 쓰윽, '벌써 1년이 되었네, 한 번 봐야지?' 하고 말을 꺼내면 갑자기 만나서 그동안 지내 온 시시콜콜한 이야기들을 나눕니다. 그러다가 내년에 다시 만납시다 하고 다시 쿨하게 돌아가는, 조금은 이상한 모임입니다. 그 모임의 회원들이 얼마 전 집으로 찾아왔습니다. 명목은 모임 이름처럼 제가 이곳으로 온 지 벌써 1년이 되었다는 이유였습니다. 그렇게 몇 사람이 와서 제가 어떻게 사는지 보고 함께 식사하며 웃고 떠들다 돌아갔습니다.

제가 이곳으로 온 지도 정말 벌써 1년이 되었습니다. 1년 동안 하는 일 없이 무지 바빴습니다. 작년 7월 중순에 이사를 와서는 모든 것이 낯설고 무엇을 어디서부터 어떻게 해야 할지 막막하기만 했습니다.

이사를 오고 나서 곧 닥친 장마는 엄청난 폭우를 며칠 동안 쏟아부어서 곳곳에서 산사태가 났습니다. 짧은 가을이 지나자 추위가 덮쳐왔습니다. 이곳이 강원도와 가깝다 보니 양평에서도 제일 추운 지역이라는 말을 얼핏 듣긴 했습니다만 추워 봐야 얼마나 춥겠어, 하고 쉽게 생각했는데 그것이 아니었습니다. 한 번 눈이 내리면 무릎이 푹푹 빠질 만큼 내립니다.

눈이 미처 다 녹기도 전에 또 내리고 며칠 잠잠하다 싶으면 다시 내리고. 거기다가 기온은 영하 10도는 기본이고 시베리아 벌판과 같은 영하 20도를 넘나드는 날씨가 겨우내 계속됩니다.

여기서는 삼한사온 같은 얘기는 통하지 않습니다. 그런 날씨가 이어지다 보니 고립감은 둘째 문제고 추워서 견딜 수가 없습니다. 단열이 거의 되지 않은 집이라 훈훈하게 실내 온도를 유지하려면 기름값만 해도 한 달에 수십만 원이 들어서 감당할 수가 없습니다. 제대로 알아보지도 않고 집을 털컥 계약했다고 몇 번이나 타박을 들었지만 아무 말도 할 수 없었습니다.

겨울을 나고 나서 내부 단열 공사를 다시 하고 얼음이 얼 정도로 냉기가 돌던 출입문도 방화문으로 교체했습니다. 살면서 발견되는 문제들은 하나씩 고쳐가고 있습니다. 다른 집들도 다들 그렇게 하며 산다고 합니다. 그것이 이런 곳에 사는 재미 아니겠냐고.

저도 그렇게 생각하기로 했습니다.

봄이 되면 가장 큰 일은 잡초를 뽑는 일입니다.

제일 큰 관심사는 정치도 경제도 코로나도 우크라이나 전쟁이나 주식 시세도 아니고 바로 쇠뜨기입니다. '쇠뜨기와의 전쟁'이라고 쓴 큰 현수막이라도 하나 걸고 싶은 심정입니다.

천지에 널린 개망초나 바래기는 잡초 축에도 끼지 못합니다. 쇠뜨기가 이리도 생명력이 질기고 뿌리가 깊은지 여기 와서 처음 알았습니다. 날마다 뽑고 또 뽑아도 돌아서면 다시 나고 날이 새고 비가 오고 나면 다시 그대로입니다. 쇠뜨기의 뿌리는 지구 반대편까지 뻗는다고 하더니만 정말 아르헨티나까지 뻗어있을 것 같습니다. 다른 집들은 어떻게 다

없앴느냐고 물어보면 뽑고 또 뽑는 수밖에 없다고 합니다. 그러다 보면 조금씩 줄어드는 날이 온다고. 행자의 수행에 버금가는 과업입니다. 누가 논문 하나 발표 안 하나 모르겠습니다. 쇠뜨기 효소가 정력과 피부미용에 최고라는 논문 말입니다. 그러면 쇠뜨기 씨가 마를 텐데.

그렇게 쇠뜨기와 한바탕 전쟁을 치르다 보니 어느새 여름이 다가와 있습니다. 1년이 정신없이 후다닥 지났습니다. 벌써 1년, 지나고 나니 정말 '벌써'입니다.

참 잊을 뻔했습니다. 이사 오면서부터 주변을 맴돌던 노란 야생 고양이에게 먹이를 주었더니 이제는 때마다 와서 먹을 것을 달라고 아우성을 치고 거기다가 작년에 낳은 새끼까지 데리고 와서 법석을 떨고 있습니다. 이제는 하다못해 고양이 집사까지 겸하게 되었습니다.

야생 고양이기는 하지만 1년 동안 밥을 주다 보니 정이 들었습니다. 사람이나 짐승이나 정이 무섭습니다. 혹시 들를 기회가 있으면 다른 것은 말고 야옹이 사료나 한 포대 사다 주십시오.

내년 이맘때 다시 1년이 지나면 그때는 어떻게 바뀌어 있을까요? 저는 더 부지런히 놀면서 재미있게 살고 있겠습니다.

겨울의 종착역을 향하여

거의 2주 만에 양평 집으로 돌아왔습니다.

아내의 정기 진료 때문에 병원에 갔다가 아이들 집에 들렀습니다. 연례행사와 같은 여정입니다만 이번에는 좀 길어졌습니다. 도시의 따뜻함은 추운 산기슭으로 돌아가는 발걸음을 자꾸만 붙잡습니다. 하지만 더 이상 꼼지락거릴 수는 없습니다.

산기슭에 온기 없이 홀로 있을 집이 생각나고 끼니때만 되면 먹이를 달라고 문밖에서 서성거릴 야생 고양이 두 마리가 눈에 밟혀서 길을 나섰습니다. 도시에 있는 자식들 집에 다니러 오신 부모님들이 며칠만 지나면 시골집에서 키우는 짐승 걱정 때문에 돌아가려고 하는 마음을 알 것 같습니다.

용산역에서 경의중앙선 전철을 타고 교외로 빠져나가기 시작하면 바깥 풍경도 변해갑니다.

전철을 따라오던 아파트는 저 뒤편에서 허겁지겁 가쁜 숨을 내쉬고 뒤따라오던 빌딩 몇 채마저 달리기를 포기하고 주저앉고 나면 온전히 따라오는 일행은 산, 산, 산 그리고 그 산을 아직 덮고 있는 눈뿐입니다. 전철이 종착역에 다다를 때까지 그런 풍경은 계속됩니다.

창문 밖의 풍경과는 별개로 전철 안은 또 다른 광경이 펼쳐집니다. 남녀노소로 빽빽하던 전철 안은 도심에서 멀어져 감에 따라 점점 구성원이 변해갑니다. 젊은이들의 모습이 하나둘 줄어드는가 싶더니 종점이 가까워질 무렵에는 나이 든 어르신들이 대부분입니다. 주말이나 휴일을 제외하면 이러한 모습은 항상 같습니다. 좋은 학교와 일자리를 찾아 서울로 몰려드는 서울 집중화 현상 때문에 농촌에는 어르신들만 남게 되는 현실에 대한 알레고리입니다. 서울과 비교적 가까운 수도권의 모습도 이러할진대 지방이야 말할 것도 없습니다.

시장 구경도 할 겸해서 용문 장날을 택해서 돌아왔습니다. 5일장을 한 바퀴 돌면서 이것저것 봉지에 사서 들고 칼국수를 한 그릇 먹고 택시를 타고 집으로 들어옵니다. 택시는 점점 더 깊은 겨울로 저희를 데리고 들어갑니다.

이곳에서 세 번째 겨울을 나고 있습니다. 늦가을이 지나고 겨울이 저만치 다가오면 마음이 바빠집니다. 도시에서는 가을옷을 장롱에 넣고 겨울옷을 꺼내놓는 정도면 그만이지만 이곳의 준비는 만만치 않습니다. 겨울은 도둑처럼 예고 없이 들이닥칩니다. 바람이 좀 차갑다 싶으면 어느 날 갑자기 쑥하고 기온이 내려갑니다. 미리미리 채비하지 않으면 곤란을 겪게 됩니다.

  밭에 심어놓은 마늘과 양파 같은 월동 작물은 냉해를 입지 않도록 짚과 부직포로 미리 덮어주어야 합니다. 조금이라도 지체했다가는 애써 심은 작물이 얼어 죽을 수도 있습니다.

  이곳에서는 화단의 알뿌리 식물도 월동을 못 하는 경우가 많습니다. 기온이 영하로 떨어지기 전에 알뿌리를 캐서 실내로 옮겨놓았다가 봄이 오면 다시 화단에 심어 주어야 합니다.

  장미와 홍매화도 미리 겹겹이 감싸줍니다. 하수도용 플라스틱 파이프를 적당한 크기로 잘라 둘레에 씌우고 볏짚과 비닐을 넣어 주고 쓰지 않는 현수막을 얻어다가 빙 둘러쳐 줍니다.

  친구가 선물한 홍매화는 작년에도 이렇게 겨울을 넘겼으니 봄이 오면 다시 탐스러운 홍매를 피워주기를 기대합니다. 지하수 관정도 보온하고 물을 빼줘야 합니다. 작년에는 보온만 하고 배관의 물을 빼지 않았더니 수도꼭지가 동파되기도 했습니다.

  이곳 추위는 맹렬합니다. 오죽하면 커다란 정원석이 얼어 죽을까 봐 덮어줄 생각까지 했겠습니까? 월동 준비나 밭작물 재배 방법, 정원의 화초를 관리하는 법을 비롯한 생활 속의 여러 대처법은 이곳으로 먼저 와 자리 잡은 건너편 광일 형님과 형수님께서 가르쳐 주어서 많은 도움이 되고 있습니다. 일상 속의 참 지혜는 오랜 경험에서 나오는 것임을 느낍니다.

올해는 습설이 산과 도로 주변의 소나무에 쌓여 그 무게를 이기지 못한 굵은 소나무들이 연필 자루 부러지듯 중간에서 툭툭 부러져서 피해가 컸습니다.

부러진 나무들이 전깃줄을 건드려 정전을 불러왔습니다. 저희 집도 아침에 갑자기 정전되더니 오전 내내 불이 들어오지 않았습니다. 냉장고나 세탁기는 물론 지하수도 나오지 않고 조리도 할 수 없었습니다. 보일러나 난방기를 틀지 못하니 집안은 냉골로 변해버리고 맙니다.

많은 곳이 정전되어 언제 복구될지 장담할 수 없었습니다. 그저 옷을 한껏 껴입고 이불을 덮어쓰고 불이 들어오기를 기다릴 뿐. 한나절이 지나 반짝하고 전기가 들어오고서야 '이제 살았구나.' 하는 한숨이 절로 나왔습니다.

입춘이야 벌써 지났지만 이곳 겨울은 절기와 상관없다는 듯 느릿느릿 발걸음을 옮기고 있습니다. 도시보다 계절이 한 달은 더디게 가는 것 같습니다. 다음 주부터는 기온이 쑥 올라가서 따뜻하고 꽃샘추위도 없을 것이라는 보도가 있지만 그것도 이제는 크게 믿어지지 않습니다. 작년 늦가을 처음으로 마늘 반 접을 심었는데 아직도 저렇게 눈이 가득 쌓여 있으니 얼어 죽지 않았을까 걱정입니다. 눈이 수북이 쌓인 땅속에서 열심히 생기를 뽑아 올려 생명의 숨길을 이어주기를 바랄 뿐입니다.

올 것은 기어이 오고야 만다고 하였으니, 어느 날 아침 보란 듯이 봄이 찾아와 있을 것입니다. 그날에는 겨우내 멈추었던 산책을 다시 나서겠습니다.

한가한 삶을 연습하며

이곳의 생활을 톨스토이적으로, 아니 안나 카레니나적(?)으로 표현해 본다면 이런 말이 될 것 같습니다. "살아온 환경은 각 가정마다 다르지만 각 가정의 생활 방식은 비슷하다."라고.

대부분이 도시에서 생활하다가 이러저러한 이유로 들어온 분들인데 그 생활 모습은 비슷비슷합니다. 사람들이 살아가는 거야 어디나 마찬가지겠지만 이곳에서의 일상은 특히 그렇습니다.

나름대로 멋을 부린 모습으로 짓긴 했지만 결국 비슷비슷한 전원주택 풍(?)의 집을 짓고 필수적으로 정원과 텃밭을 조성해 놓았습니다. 도시의 생활은 아침에 출근했다가 저녁에 퇴근하는 일정한 패턴이지만 이곳 생활은 그런 면에서는 자유롭습니다. 대신 또 다른 방식의 반복이 자리 잡고 있습니다. 그것에 굳이 이름을 붙이자면 '전원생활 방식'이라고나 할까요?

아침에 일어나 느긋하게 식사하고 나면 집과 면해 있는 텃밭에 나가 이런저런 야채나 농산물을 심고 가꾸는 것이 생활의 많은 부분을 차지합니다. 꽃이나 관상수를 좋아하는 분들은 정원을 가꾸는 일도 포함됩니다만 생활의 큰 부분은 텃밭을 가꾸는 일입니다.

텃밭이라고 하면 상추나 고추, 오이 등을 심어 먹는 두어 평 정도의 밭을 떠올리기 쉽지만 여기서 말하는 텃밭은 규모가 훨씬 큽니다. 100평 정도가 제일 작고 대개 300평 내외를 짓습니다.

텃밭에는 각종 엽채류를 기본으로 철마다 때에 맞는 작물들을 심습니다. 그러다 보니 각기 다른 집이라도 가꾸는 작물은 비슷합니다. 봄이 되면 감자를 제일 먼저 심고 상추와 쑥갓 같은 쌈 채소를 시작으로 뒤이어 고추와 오이, 가지, 호박, 방울토마토를 심습니다. 그리고 나면 고구마를 심고 감자를 수확한 땅에는 조금 기다렸다가 김장용 배추와 무를 심습니다. 옥수수와 땅콩은 필수작물인 것 같고 서리태와 메주콩에 참깨와 들깨도 많이 심습니다. 들깨 수확을 위해 작은 탈곡기를 밭에 놓고 수확하는 풍경도 왕왕 보입니다. 이 정도 작물을 조금씩만 심는다 해도 철마다 수확해야 하는 시기가 다르다 보니 초봄부터 늦가을까지 눈코 뜰 새 없습니다. 거기다 작물마다 주는 거름과 비료가 다르고 각종 병충해 방제를 위해 농약을 뿌리고 잡초도 뽑아야 하니 쉴 틈이 없습니다.

저는 농사에는 애초부터 젬병인지라 다른 분들이 무엇을 심었는지 구경하는 정도에 지나지 않습니다만 철마다 심고 가꾸고 수확하는 노력이 보통이 아님은 느낄 수 있습니다. 산책을 갈 때마다 주변 어르신들은 항상 밭에서 무슨 일인가를 하고 계십니다. 매일 쉬지 않고 일하는데 힘들지 않으시냐고 물어보면 굽힌 허리를 펴고 씩 웃으면서 말합니다. 그렇지 않아도 나이가 드니 힘들어서 올해는 절반 정도로 줄여서 이제 200평밖에 되지 않는다고, 이 정도는 그냥저냥 소일하는 거라고. 그런 말을 듣고 나면 더 이상 할 말이 없어집니다.

 이곳 생활들이 비슷한 것은 이런 텃밭 농사 때문입니다.

 처음에는 마당 앞에다 상추나 오이 몇 개를 심어 먹으려고 시작했는데 심는 것이 한두 가지 늘어나다 보니 점점 커지고 다른 집에서 심는 것을 보면서 같이 심다 보니 또 늘어나게 되고, 수확의 기쁨 때문에 다음 해에도 그만둘 수가 없게 되었다고들 합니다. 게다가 이렇게 밭에 작물을 심고 가꾸는 일을 하지 않으면 다른 소일거리가 없어 심심해서 살 수가 없노라고. 각종 모종과 씨앗에다 비료와 퇴비, 농약과 다른 여러 부자재를 생각하면 그냥 시장에서 사서 먹는 것이 제일 싸게 먹히지만 내가 재배해서 먹고 나눠주는 기쁨 때문에 밭작물을 키우지 않을 수가 없다고 합니다. 온종일 소파에 앉아 TV에만 매달려 있을 수도 없지 않으냐는 말에는 전적으로 공감합니다. 백번 지당하신 말씀!

 그 말을 듣고 나니 다들 비슷한 방식으로 살아가는 모습을 이해하게 되었습니다. 도시에서 매일 쳇바퀴 돌듯하는 생활을 피해서 여기로 왔는데 또다시 저렇게 밭에서 매일 땀을 흘리면서 또 다른 쳇바퀴를 돌리는 모습이 앞뒤가 맞지 않는 것처럼 보이지만 그것이 그분들의 또 다른 삶이었습니다. 그분들은 오히려 저를 보고 온종일 뭘 하면서 지내냐고 신기한 듯이 바라보십니다. 책을 읽는다는 말을 듣고는 뜨악한 표정을 짓다가 얼른 표정을 바꿉니다.

아, 그럼 작가신가? 네? 아니, 작가는 아니고 그냥 책을 읽는 사람입니다. 아, 그러시구나.

그렇게 서로 어색한 표정과 말을 주고받으며 얼른 자리를 피합니다.

그분들이 보기에는 아직 한창 일할 나이에 이런 산기슭으로 들어와 아무 일 없이 빈둥거리는 저의 모습을 이해할 수 없을 것이고 저 역시 도시의 삶을 마감하고 조용한 여생을 보내기 위해 들어온 분들이 또다시 밭일에 얽매어 쉼 없이 일하는 것을 이해할 수 없기는 마찬가지입니다. 그러나 그것은 이해의 영역도 아니고 옳고 그름을 논할 분야는 더욱 아닙니다.

하지만 저는 그분들을 아직도 외부자의 시선으로 바라보며 저 자신만의 가치로 판단하고 있었습니다. 조용히 책이나 읽으면서 살기 위해 들어온 본인의 기준과 잣대로 그분들을 재단하고 있었던 셈입니다. 그분들의 생활은 잠시의 위락이나 휴양이 아니고, 쉼 없는 밭농사 역시 '여가를 위한 낙'이 아니라 엄연히 먹고 사는 방편이라는 것을 미처 생각하지 못했습니다. 전원생활이라는 환상을 아직도 버리지 못하고 있는 오만한 도시인의 그림자가 제 주변에서 어른거립니다. 울창한 상수리나무 숲속에서 혼자만 푸르고자 하는 고송의 꼿꼿한 고집스러움이 아직 남아 있습니다.

이 나이 될 때까지도 현실을 직시하지 못하고 소설이나 영화 속 장면만을 생각하며 저 복숭아꽃 찬란한 동산을 찾아 기웃거리고 있는 사람을 보는 것 같아 부끄럽기 그지없습니다.

저도 그분들과 같이 땅을 얻어 텃밭을 일구며 전문가에 버금가는 농사꾼으로 변모해 있을 정도가 되어야 전원생활이라는 꿈에서 깨어나 현실 속 생활인의 모습으로 조금씩 자리 잡아 가게 될까요? 그러기는 한참 남았겠지만 그날을 기대해 주십시오.

마음 닿는 곳으로 떠나갈 자유

여기 들어와서 두 번째 가을을 넘기고 있습니다.

아직도 다른 분들의 의문은 여전합니다. 책 읽기? 오거…… 서? 오천 권? 그 많은 책 읽어서 뭐 하려고? 아직 창창한 나이에 돈은 안 벌고 왜?

그런 말을 들을 때면 가끔 고지를 잘못 정복한 나폴레옹처럼 이 봉우리가 아닌가 하는 생각이 들기도 합니다. 하지만 그분들의 말은 저의 선택이 일반적인 사람들과는 조금 달랐다는 것을 확인하는 정도였다고 해 두겠습니다.

어른들이 이런 말을 합니다. 다를 반대할 때는 다 그만한 이유가 있어서 그러니 나중에 후회하지 말고 새겨들으라고. 하지만 저는 나중에 후회하더라도 하고 싶었던 일을 해 보고 나서 후회하겠습니다. 사람들의 이해를 바라지도 않고 이해시키려고도 하지 않을 뿐 아니라 그들의 은근한 비웃음마저 기꺼이 껴안으면서.

도시를 떠나오는 저의 모습은 어떠했을까요? 이형기의 「낙화」 같은 아름다운 뒷모습은 아니었을 것입니다. 그럴 때마다 떠오르는 사람들이 있습니다.

  당쟁의 소용돌이 속에서 유배와 복직을 반복하는 생활에 지쳐 관직을 버리고 물려받은 재산을 모두 처분하여 가솔들을 데리고 자신만의 세계에 은거해 「오우가」를 부르며 한가한 생활을 즐기던 선비의 모습과, 쌀 다섯 말 때문에 비루하게 허리를 굽힐 수 없다며 관직을 버리고 「귀거래사」를 부르며 낙향하는 어느 현령의 뒷모습이 함께 겹쳐옵니다. 거기다 평생을 벼슬에 오르지 않고 지리산에 은거한 채 지낸 산림 거사의 꼿꼿한 모습은 어떻습니까?

  세 사람 중에서 저와 비슷한 분을 선택하라는 객관식 문제를 받는다면 저는 두 번째에다 동그라미를 치겠습니다.

  저에게는 물려받은 재산도 없고 저만의 이상향을 꿈꿀 처지도 아닐진데 첫 번째 분과 저를 비교한다는 것은 가당치 않습니다. 거창한 문사로 자처할 깜냥도 되지 않거니와 세상사의 대안이나 나아갈 길을 제시할 만한 인물은커녕 제 한 몸도 건사하기 힘들어 매일매일을 겨우 견디어 내는 정도에 지나지 않는 사람이니 세 번째 분과도 전혀 종이 다르고요.

  남들에게 아쉬운 소리를 못 하고 욱하는 성격까지 있어서 어려운 일이 생기면 한 번 도와달라고 부탁하는 말이 목까지 나왔다가도 꾹 누르곤 합니다. 내 운이 이것밖에 안 되나 보다 하고 속으로 삼키면서도 겉으로는 웃으며 돌아설 수밖에 없던 사람이었으니 그나마 두 번째 분에게 조금이나마 동질감을 느낍니다.

지금까지 길을 잃고 헤매다녔지만, 그리 멀리까지 가지 않았으니 이제라도 제대로 된 길을 가보려 합니다. 임재범의 노래 〈비상〉의 가사가 떠오릅니다.

그런 마음으로 이 외진 산기슭에서 세상의 미혹을 떨쳐버리고 조용히 엎드리고 있습니다. 도시로 향하는 시선마저 조금씩 거두고 있습니다. 뉴스를 보거나 스마트폰으로 이런저런 세상사를 검색하는 것도 줄여가고 있습니다. 사람들과의 관계도 하나씩 정리하는 중입니다. 야박하게 들리겠지만 특별한 일이 아니면 카톡이나 전화나 문자도 응답하지 않습니다. 그러다 보니 이제는 손에 꼽을 정도의 사람을 제외하면 만나는 사람도 거의 없습니다. 그것이 저 나름의 지난 생활을 정리하는 방법입니다. 가끔은 휑한 느낌도 들지만 이렇게 하나씩 정리해 나가는 것도 도시를 떠나온 사람이 거쳐야 할 통과의례 중 하나라고 생각합니다.

이사 온 첫해 딸과 함께 심었던 으름덩굴이 제법 무성하게 뻗어있는 아치형 대문 위에 걸린 현판을 올려다봅니다. '망미재(忘迷齋)'.

세상의 미혹과 미망을 잊고 조용히 살아가자는 의미로 지은 현판입니다. 처음 제가 도시를 떠나올 때의 마음을 표현한 글귀이기도 합니다. 마음이 흐트러지고 눈길이 저 아래 큰길 너머로 향할 때마다 현판을 올려다보며 마음을 다잡고 있습니다. 도시에 있을 때는 그렇게도 떠나갈 자유를 그리워했는데 막상 이렇게 떠나오고 나니 그 자유가 주는 또 다른 의미를 알겠습니다. 그것은 누구의 도움이나 의지도 없이 오롯이 저 혼자 감당해야 할 큰 무게라는 것을.

시골노트

<u>초보 농사꾼의 하루</u>

"장마가 그치고 날이 개자마자 하천에서 돌을 주워 올려 축대를 쌓고 흙을 채웠습니다. 몸무게가 족히 다섯 근은 넘게 빠진 것 같습니다."

"아무리 풀을 뽑고 약을 뿌려도 우리 밭만 성장이 더디고 벌레들이 꼬입니다. 채소와 벌레들도 초보를 알아보는 것인지, 등에다 초보 농사꾼이라고 써 붙여야 되려나 봅니다."

제2장

전원의 시간,
마음이 머무는 곳

도시에서 잊고 지낸 감각들이 전원에서 다시 살아납니다. 빠르게 흘러가는 도시의 시간과 다르게, 바쁠 것도 없이 느긋하게 마음을 길어 올립니다.

장터에서 먹는 국밥 한 그릇

모처럼 5일마다 돌아오는 용문장에 나갔다 왔습니다.

양평 곳곳에는 아직도 5일장이 제법 흥하게 열리고 있습니다. 대개 그렇듯이 이곳도 장날이 되면 시끌벅적합니다. 달구지를 타거나 나룻배로 강을 건너는 모습은 아닐지라도 비슷한 광경은 다른 모습으로 재현되고 있습니다. 인근에서 장날 구경 오는 사람들 때문에 용문으로 오는 전철과 버스는 평일에도 만원입니다.

한 달에 한 번 장날 구경 가는 것도 정기적인 행사 중 하나입니다. 마을에 가게가 없어서 장에 나가야 살림 도구나 부식 재료와 고기 등을 사올 수 있습니다. 장에 가는 날은 외식하는 날이기도 합니다. 삼시 세끼 한 달 내내 집밥만 먹다 보니 어떤 때는 바깥 음식이 그리워지기도 합니다. 하지만 자가용도 없이 외진 산기슭에서 사는 사람에게는 그것도 사치입니다. 지난달에는 장터에서 소고기국밥을 먹었고 그전에는 칼국수를 먹었는데 이번에는 버섯전골을 먹기로 했습니다.

먼저 미용실에서 이발을 하고 아내는 손목치료를 위해서 의원에 들렀습니다. 철물점에서 지난가을 내내 돌을 주워 나르느라 망가져 버린 카트를 새로 하나 사서 장터 구경을 나섭니다. 장터가 별도로 정해져 있는 것이 아니라 전철역 앞 도로를 막고 거기에 장꾼들이 천막을 치고 좌판을 벌여서 임시로 장터를 만들었습니다.

정면으로는 옷이며 신발이며 온갖 가재도구에다가 과일, 야채와 산나물과 버섯 난전들이 펼쳐져 있고 좌우로는 생선과 각종 해산물과 먹거리 가게들이 쭉 늘어서 있습니다. 순대국밥, 족발, 소고기국밥, 모락모락 지글지글 부쳐내는 각종 부침개까지. 장터에서 먹는 국밥은 운치와 분위기를 함께 먹는 것이라서 그런지 더 맛있습니다. 거기다 가격도 착합니다.

장날 구경은 시간 가는 줄 모릅니다. 살 생각이 없다가도 만지다 보면 하나 더 사게 되고 그러다 보면 짐은 점점 늘어납니다. 버섯 한 봉지를 시작으로 간고등어와 갈치, 조갯살에다 인사를 나눌 정도로 단골이 된 두붓집에서는 두부와 청국장에 콩나물까지 한 모둠 삽니다. 호미를 하나 사고 꽃무늬가 그려진 반장화까지 집어 들고도 두리번거리는 아내를 붙들고 이제 밥 좀 먹자고 등을 떠밀었더니 못내 아쉬운 듯 돌아보며 엉뚱한 투정을 합니다. 장날은 다 좋은데 카드가 안 되고 현금밖에 쓸 수 없어서 뭘 살 수가 없다고. 틀린 말은 아니지만 가득 실은 저 짐은 뭔고 싶어서 헛웃음을 짓고는 식당으로 갑니다.

식당 안은 장날 나들이 나온 어르신들과 내외간으로 보이는 분들로 만원입니다. 메뉴는 딱 하나네요, 능이버섯전골. 자작한 국물에다 능이버섯과 각종 야채, 한약재를 넣은 전골이 보글보글 끓을 즈음이면 버섯을 넣고 살짝 늦게 지은 냄비 밥이 나옵니다. 양념장과 전골 건더기를 함께 넣고 비벼 먹으니 별미입니다. 지평 막걸리 한 잔을 반주로 곁들였습니다.

벌써 오후 2시가 다 되어 갑니다. 아내는 시간을 보더니 부리나케 발걸음을 옮깁니다. 한 달에 한 번 나오는 길이니 여간 살 게 많겠습니까? 이번에는 이불 가게입니다. 이번 주에 언니네가 오기로 했는데 이불이 모자라서 하나 장만해야 한다고 합니다.

여자들의 까탈스러운 안목은 연륜이 붙으니 더 꼼꼼해집니다. 종류별로 이불을 펼쳐놓고 살피고 뒤집어보고 물어보고 셈하고 하더니만 결국 맨 처음 보았던 이불로 정하고 계산합니다.

길을 건너더니 또 어디론가 급히 갑니다. 저는 카트를 끌고 멀뚱히 따라가기만 할 뿐 아내만 신났습니다. 만두와 찐빵을 파는 가게로 왔네요. 무슨 만두를 쌀까? 김치만두? 고기만두?

저한테 물어봅니다만 그건 예의상 물어본 것뿐이고 제 의견을 반영하겠다는 뜻은 아닙니다.

제가 머뭇거리자, 그럼 김치 두 개랑 고기 하나 주세요. 그리고 찐빵도 하나 주시고요.

다 정해놓은 계산이 있었습니다.

짐이 무거워 택시를 탈까 하다가 동네 마을회관을 지나는 여주행 버스가 올 시간이 되어서 버스를 타기로 했습니다. 아내는 또 무엇을 빠뜨렸는지 저를 정류장에 가 있으라고 하고 다시 장터로 바람처럼 날아갑니다.

버스 정류장에는 장날 나들이를 왔다가 돌아가는 분들이 바리바리 짐을 싸 들고 기다리고 있습니다. 머리가 희끗한 두 어르신이 이야기를 나누고 있는데 점심을 먹었던 식당에서 보았던 분들입니다. 장날 나들이를 나왔다 돌아가는 부부인가 했는데 각자 다른 동네에 사는 남매가 장날에 만나기 위해 나오신 듯합니다. 두 손을 꼭 잡고 한참 동안 이야기를 나누다가 오빠는 다른 곳으로 버스를 타러 가는 듯 손을 놓고 돌아섭니다. 흰머리 가득한 여동생이 돌아서는 오빠의 뒷모습을 보면서 소리칩니다. 오빠, 건강하세요. 다시 만나요.

저만치 가던 오빠도 뒤돌아서 손을 한 번 흔들고는 다시 돌아섭니다. 남아 있던 여동생은 오빠의 뒷모습을 한참이나 쳐다보고 있습니다. 헤어지는 노 남매의 애틋한 모습을 지켜보면서 괜히 콧날이 찡해집니다. 저 노 남매가 다음 장날에도 꼭 다시 만나 국밥 한 그릇을 나눌 수 있기를 바랍니다.

저만치서 아내는 또 뭘 샀는지 까만 봉지 하나를 들고 바쁜 기색도 없이 천천히 오고 있습니다. 빨리 오라고 연거푸 손짓하니 그제야 조금 걸음을 빨리합니다. 추운 날 무를 듬성듬성 썰어 넣고 찜을 해 먹으면 맛

있겠다고 하던 제 말이 생각나서 코다리를 두어 마리 샀다고 합니다. 그냥 웃을 밖에요.

  짐을 가득 실은 카트를 끙끙대며 버스에 오르니 모두 쳐다봅니다. 젊디젊은 놈들이 차도 없이 무거운 짐을 가지고 버스를 타는 것이 측은해 보였던 모양입니다. 한 달 먹을 양식을 준비하고 장날 구경도 잘하고 돌아가는 터라 그러거나 말거나입니다. 창밖의 논밭과 산들은 어느새 뉘엿뉘엿 겨울로 넘어가고 있습니다.

고추밭과 콩밭에서 배운 겸손

새벽 6시가 채 안 돼서 잠을 깨웁니다.
손위 처남의 목소리에 꿈결인 듯 눈을 떠 보니 다른 사람들은 모두 채비를 갖추고 있습니다. 주섬주섬 옷을 갈아입고 따라나섭니다. 어둠이 채 가시지 않았고 길가 풀잎에는 이슬이 맺혀 바지가 축축이 젖을 정도입니다. 한시도 지체할 시간이 없습니다. 태양의 맹렬한 축복이 내리기 전에 1~2시간이라도 일해야 합니다.

오늘 아침은 고추 따는 일입니다. 그제 아침에 한차례 따냈지만 그새 또 빨갛게 익은 고추가 탐스럽게 맺혀있습니다. 7월 하순부터 따기 시작해서 앞으로도 보름 정도는 하루걸러 계속 따내야 합니다. 한 이랑씩 맡아서 비료 포대를 옆구리에 차고 따기 시작합니다. 빨간 고추만 따면 됩니다. 아주 쉽습니다. 그런데 그것이 생각처럼 쉽지 않습니다. 쪼그리고 앉아 따다 보니 허리는 아프고 가지가 부러지면서 고추 꼭지가 자꾸 떨어지고 덜 익은 고추까지 딸려 와서 진척되지 않습니다. 혼자 끙끙대며 따 나가기를 한참, 저만치 앞서갔던 처남이 한 이랑을 다 따고 되짚어

옵니다.

"아니, 아직도 여기서 뭐 하는가? 딴 사람들은 한 줄 다 따고 다른 줄 따고 있는데."

"죄송해요, 제가 워낙 손재주가 없다 보니."

"얼른 한 줄만 더 따고 아침 먹으러 가세."

"네 형님!"

씩씩하게 대답하고 다시 옆 이랑으로 가서 따기 시작합니다.

그렇게 두어 시간 고추를 따고 집으로 돌아오니 아침상이 차려져 있습니다.

밥맛은 꿀맛 같습니다. 옆에서 보고 있던 처남이 한마디 거듭니다.

"많이 먹어놔, 밥 먹고 농약 치러 가야 하니까."

"예? 농약을요?"

"별거 아니야, 그냥 농약 줄만 잡아주면 돼."

밥상을 물리자마자 농약 통을 실은 경운기를 타고 논으로 나갑니다. 길옆에 경운기를 세우고 경운기 엔진과 벨트로 연결된 농약 살포기를 가동해서 논으로 들어가 농약을 뿌리기 시작합니다. 논 끝까지 농약을 뿌릴 수 있도록 중간에서 줄을 끌어당겨 주는 것이 저의 역할입니다.

말 그대로 별거 아니었습니다. 그저 농약 줄이나 잡고 끌어주면 되는 정도.

그 별거 아닌 농약 줄이 짧게 잡아도 100미터 가까이 되다 보니 무게가 만만치 않습니다. 농약 줄을 당겨주고 당겨오는 일을 몇 마지기 하지 않는데도 온몸은 땀 범벅이 되고 손이 벌겋게 달아오르면서 팔 힘이 다 빠져나갑니다. 그렇지만 농약 살포기를 어깨에 메고 나락을 헤치며 농약을 뿌리는 형님에 비하면 이건 일도 아니다 싶어 힘든 내색도 못 합니다.

논 한 배미를 다 뿌리고 나면 다시 자리를 옮겨서 뿌리기를 두어 시간 남짓, 그렇게 서너 군데를 옮겨가며 뿌리고 나서야 겨우 작업이 마무리됩니다.

"별거 아니지?"

"예? 아…… 네."

저의 황당해하는 표정을 보며 형님은 싱긋 웃습니다.

처남댁이 오토바이를 타고 시원한 맥주와 참외 몇 개를 참으로 내왔습니다. 얼마나 목이 말랐는지 맥주 한 병을 눈 깜짝할 사이에 마셔 버리는 저를 바라보던 형님 내외의 웃음꽃이 논두렁으로 넓게 퍼져갑니다.

집으로 돌아와서 대충 씻고 점심을 먹고 난 후 쓰러지듯 방바닥에 누워 잠들었다가 햇볕이 한풀 꺾인 오후 4~5시쯤에 다시 처남을 따라나섭니다.

"난 논두렁을 베고 올 테니 자네는 콩밭에서 풀이나 좀 매다가 들어가." 하고는 경운기를 타고 휭하고 가 버립니다.

'콩밭 풀쯤이야.' 오전 내내 고생했다고 오후에는 배려해 주시는구나 생각하면서 콩밭으로 들어갑니다. 아뿔싸! 콩밭이 아침에 땄던 고추밭보다 더 넓습니다. 이걸 또 어쩌나 하고 난감해하고 있는데 콩밭 중간에서 빨간 모자 쓴 처남댁의 머리가 쑥 올라오면서 손짓합니다. 해는 왜 저리 길고 밭이랑은 왜 이리 더 긴지. 저 해가 서산을 넘어야 집으로 돌아갈 텐데. 콩밭 매는 아낙네의 한숨 소리가 어떤 심정인지 뼈에 사무친 하루입니다.

이것이 제가 처음 처가로 여름휴가를 갔던 길고 긴 하루였습니다.

여름휴가를 처가로 갔던 데는 다른 계산도 있었습니다.

결혼 초기에 경제적으로 쪼들리다 보니 생각한 것이 처가에 가서 일도 돕고 휴가도 보내자는 속셈이었습니다. 저의 원산지가 시골이었다는 것도 그런 선택에 한몫했습니다. 그야말로 일거양득? 도와주는 흉내나 내면서 쉬고 오자던 저의 얄팍한 계산은 정말 평택 위의 오산이었습니다. 아침부터 캄캄한 저녁까지 해도 해도 일은 끝이 없습니다. 일주일 정도 일을 도와주고 오면 어디 강제 노역장에라도 끌려갔다 온 것처럼 한동안 앓았습니다.

하지만 이렇게 힘든 일을 장인 장모님과 처남 내외는 1년 내내 쉬지도 못하는데, 저는 때마다 수확한 양식들을 바리바리 보내주면 당연하다는 듯 받아먹기만 하였으니 죄송한 마음에 안 갈 수도 없었습니다.

올해도 시간을 내서 며칠 다녀왔습니다. 가는 날이 장날이라고 했던가, 운이 없는지 가는 날부터 하염없이 비가 와서 그야말로 먹고 자고 나흘을 보냈습니다. 갈 때마다 잘하진 못해도 쫓아다니며 도와주는 흉내라도 내곤 했는데 이번에는 어쩔 수 없이 놀고먹다 보니 괜히 눈치가 보이고 편치 않았습니다. 그런 마음을 아는지 형님께서는 걱정하지 말고 푹 쉬었다 가라고 합니다. 벼농사는 우렁이 농법으로 짓기로 해서 농약을 뿌리지 않아도 되고 고추와 밭작물은 가족들 나눠 먹을 정도만 심기로 했다고. 형님도 아침저녁으로 논에 물이나 보러 다니고 특별히 바쁜 것 같지 않습니다. 농사를 지어 큰 부를 이룰 생각도 없고 가족들 먹고살 정도면 충분하지 않냐는 형님의 소박함이 부러웠습니다. 아직도 무언가를 이루고 가지려고 아웅다웅 사는 제가 오히려 부끄러웠습니다.

텔레비전에서는 귀농이나 귀촌에 대한 낭만적인 생활이 더러 방송됩니다.

직장생활하다가 나이 들면 시골로 내려가 농사나 짓겠다는 사람들을 보면 농사일이 얼마나 힘든 일인지 알고서 저런 말을 하나 싶습니다. 농촌은 친한 지인이 살고 있어서 가끔 한 번 들러보는 정도면 딱 좋습니다. 그곳에서 직접 생활하는 순간 그 낭만과 환상은 거울 깨지듯 산산조각이 나고 말 것입니다. 저 역시 농사에 대한 환상은 이미 25년 전에 깨졌습니다. 할 일 없으면 시골로 내려가서 농사나 짓겠다는 생각 같은 것은 아예 하지 않습니다.

아름답게 포장된 텔레비전 속의 농촌 생활 이면을 굳이 들쳐 볼 필요도 없습니다.

세상에서 제일 맛있는 밥

점심때가 지나도 아내는 방에서 나올 줄 모릅니다. 이제나저제나 하고 기다려도 소식이 없고 점점 배가 고파져서 안방 문을 살짝 열어 보았더니 이불을 뒤집어쓰고 자고 있습니다.

아침에 안색이 안 좋아 보이더니만 어딘가 아픈 모양입니다. 묵정밭을 일구느라 일주일 넘게 땡볕에서 호미질해 댔으니 몸살이 날 만도 합니다.

다른 집들은 모두 텃밭에다 야채와 농작물을 심어 가꾸어 먹는데 저희는 정원 옆에 상추 세 포기 심을 땅 밖에 없다 보니 아무래도 부족한 생각이 들었습니다.

맨날 주변에서 얻어먹기만 할 수도 없는 노릇이고 남들 밭에 자라는 작물들을 보면 부럽기도 하고. 근처 개울가에 갈대가 무성한 밭을 주인에게 어렵게 허락받고 일구기 시작했습니다. 오랫동안 묵혀놓아 척박한 땅입니다.

아내는 집 바로 옆에 있고 햇볕도 잘 들어서 잘만 일구면 좋은 밭이 될 거라고, 그 땅에다 이런저런 야채를 심고 가꿀 계획까지 모두 짜 놓은 모양으로 기대가 컸습니다. 그런 아내를 나 몰라라 할 수 없어서 무작정 삽을 가지고 묵은 갈대밭으로 나갔습니다.

  삽으로 땅을 파 보았지만 갈대 뿌리가 깊게 박혀 있는 데다 자갈까지 가득해서 삽이 들어가지 않습니다. 삽과 호미로 풀뿌리를 조금씩 캐내고 돌을 골라내기 시작했습니다. 얼마 지나지 않아 온몸이 땀 범벅이 되고 맙니다. 다른 방법이 없어서 해가 지도록 그렇게 갈대 뿌리를 파내고 돌과 자갈을 골라냈습니다.

  둘째 날은 아침부터 일을 시작했습니다. 지나가던 동네 어르신이 보고는 안쓰러웠는지 한마디 하십니다. 그렇게 힘들게 하지 말고 예초기로 풀을 베고 나서 제초제를 뿌리고, 며칠 지나 풀이 완전히 죽은 다음에 뿌리와 돌을 캐내면 훨씬 쉽노라고. 그 말을 듣고 예초기를 빌려서 풀을 베고 제초제를 뿌렸습니다. 며칠이 지나 풀들이 다 시들고 나서 다시 호미와 삽으로 땅을 파기 시작했습니다. 풀들이 없으니 좀 나았지만 뿌리가 깊고 돌이 많아 힘들기는 매일반이었습니다. 아침과 저녁으로 아내와 둘이서 땅을 일구었지만 일은 더디고 힘만 들었습니다. 밭 한가운데는 커다란 바위까지 하나 묻혀 있어서 아무리 해도 꼼짝도 하지 않습니다.

제2장 친원의 시간, 마음이 머무는 곳

보다 못한 옆집 형님께서 잘 아는 분께 부탁해 다음 날 아침 천일농원 사장님이 트랙터를 가지고 와서 밭을 갈아주었습니다. 돌이 얼마나 많던지 몇 번을 갈아도 끝없이 나오고 그 돌들 때문에 기계가 번번이 멈추었습니다. 가운데 있는 커다란 바위도 트랙터를 이용해서 파냈습니다. 한나절 동안 트랙터로 밭을 갈고 나니 제법 밭 꼴이 보입니다. 기계를 가지고도 한나절이나 걸리는 작업인데 그것을 삽과 호미로 파고 골라내려고 했으니 얼마나 무모한 짓이었는지.

본 게임은 지금부터였습니다.
기계로 갈아엎은 밭을 다시 삽과 호미로 일일이 파서 땅속에 묻혀 있는 돌과 갈대 뿌리들을 골라내야 했습니다. 그래도 기계로 모두 갈았기 때문에 골라내는 것은 한결 쉬웠습니다.
그렇게 또 한나절을 돌과 풀뿌리를 골라냈습니다. 몇 년 동안 묵은 땅이라 거름기가 전혀 없어서 퇴비 스무 포를 사서 그중 열 포를 뿌리고 두둑과 골을 만들었습니다.
제법 두툼하게 두둑을 만들고 골은 지나다니기 쉽도록 넓게 만들었습니다. 다음날은 비닐 멀칭을 하고 골은 부직포로 꼼꼼하게 덮었습니다. 멀칭을 하지 않으면 작물이 잘 자라지 않고 잡초를 감당할 수 없다고 합니다. 다 만들어놓고 보니 여섯 두둑이나 될 만큼 큼직한 밭이 되었습니다. 그렇게 해서 일주일 동안 밭을 모두 일구고 배추와 무를 심을 준비를 마쳤습니다.

마침내 아내는 그렇게도 바라던 자기 밭을 가지게 되었습니다. 비록 남의 땅이지만 직접 채소를 심고 가꿀 생각에 힘들어도 내색도 않고 땀을 뻘뻘 흘리면서 일했던 것입니다.

그렇게 며칠 동안 땅을 파고 풀뿌리를 뽑고 돌을 골라내는 일을 다 끝내고 나니 그제야 긴장이 풀어졌는지 저렇게 몸져누워있습니다. 웬만큼 아파서는 표도 내지 않는 사람인데 저 정도면 정말 많이 아픈 것입니다. 깨워서 약이라도 먹일까 하다가 그냥 나와서 아침에 쌓아둔 그릇들을 닦습니다. 아내가 깰까 봐 조심조심하는데 오늘따라 소리가 더 크게 납니다. 설거지를 마치고 계란후라이를 두 개 만들었습니다. 뭔가를 먹여서 기운을 차리게 해 주고 싶은데 제가 할 줄 아는 게 계란후라이 만드는 것밖에 없습니다. 냉장고를 뒤져서 먹던 반찬을 꺼내고 아침에 먹던 우거지 된장국을 덥히고 밥통에 있는 밥을 퍼서 상을 차립니다.

안방에 들어가 살며시 이마를 짚어 봅니다. 열은 크게 없는 것 같습니다. 아내도 제 손길을 느꼈던지 뒤척이더니 깹니다.

"일어나 밥 먹어."

"무슨 밥?"

"점심, 계란후라이 만들었어."

주섬주섬 헝클어진 머리를 빗고 아내가 거실로 나옵니다.

"많이 먹고 얼른 기운 차려. 그래야 배추랑 무도 심고 할 거 아냐."

"신랑이 차려주는 밥이라 더 맛있네!"

몇 술 뜨던 아내가 저를 건네다 보며 배시시 웃습니다. 문득 아내가 언젠가 하던 말이 생각나서 저도 같이 웃습니다.

"세상에서 제일 맛있는 밥이 뭔지 알아?"

"뭔데?"

"남이 해 주는 밥!"

정말 그런가 봅니다. 매일 가족들 밥을 챙겨야 하는 주부들에게 제일 맛있는 밥은 남이 해 주는 밥인가 봅니다. 그중에는 신랑이 차려주는 주는 밥도 포함되었으면 좋겠습니다.

된장 담는 날

2월 마지막 날에 된장을 담갔습니다.

어른들이 말(馬) 날이나 손 없는 날에 담그는 것이라고 해서 손 없고 말(馬) 날인 날에 담그면 맛이 더 좋아질 것 같아 그날을 골랐습니다. 무슨 뜬금없는 된장이냐며 묘한 웃음을 지으실 표정이 벌써 떠오릅니다. 그 웃음이 의미하는 바가 어떤 것인지도 짐작됩니다. 그냥 넉넉한 웃음 한 바가지로 이해해 주실 줄 압니다.

된장 담기는 오래전부터 생각하고 있던 일입니다. 제가 된장국을 너무 좋아해서요. 배운 게 도둑질이라고, 어릴 적부터 먹어본 것이 된장국뿐이라서 그런가 봅니다.

가난했던 시절에 국수나 수제비를 물리도록 많이 먹어서 아직도 그 음식은 입에 대지 않는다는 사람도 있고, 군대에서 카레를 너무 많이 먹어서 반백이 넘은 지금까지도 카레를 안 먹는다는 분도 계십니다. 근무하던 부대가 오뚜기 부대였는데 오뚜기 식품과 자매결연을 해서 3년 내내 오뚜기 카레를 물리도록 먹었노라면서.

그런데 저는 된장국을 어릴 때부터 수십 년을 먹어 왔는데도 물리지 않습니다. 오히려 한동안 된장국이나 찌개를 먹지 않으면 된장이 고픈 느낌이 밀려옵니다. 천생 촌놈일 수밖에 없습니다.

결혼 후에는 줄곧 처가에서 된장을 갖다 먹었습니다. 장모님께서 담그신 된장의 절반 이상을 저희 집에서 가져다 먹었을 정도입니다. 장모님이 구순이 넘어서서 된장을 담그지 않게 된 후부터는 사 먹었습니다. 처가에서 갖다먹을 때는 몰랐는데 사 먹는 된장이 보통 비싼 게 아니었습니다. 콩을 재배하여 메주를 쑤고 된장으로 숙성시키기까지의 품과 정성이 그만큼 많이 들어간다는 뜻일 겁니다.

된장 담는 데 중요한 세 가지를 꼽으라면 좋은 메주와 물과 소금입니다. 그래서 사람들은 고향에서 직접 재배한 콩이나 지인들이 만든 메주를 선호하는 것 같습니다. 콩이면 다 같은 콩이지 수입 콩이나 국산 콩이 무슨 차이가 있느냐 하는 분들도 계시겠지만, 수입 콩은 수입 과정에서 방부제나 살균제 등을 과하게 살포했을 가능성과 유전자 조작에 대한 우려 때문이라고 합니다. 저는 근처에 사시는 상호 어머님께 메주를 샀습니다. 상호 어머님은 여든 가까이 되시는 어르신입니다. 아직도 직접 농사를 지을 정도로 건강하시고 콩 농사를 지어서 메주를 만들고 된장을 담가서 팔기도 합니다. 콩 한 말에 해당하는 메주 세 덩이를 사고 매년 장을 담그는 어머님께 이런저런 조언도 들었습니다. 염도계와 된장 담글 때 함께 넣을 붉은 고추 한 움큼과 장맛이 좋아진다는 옻나무

가지도 몇 개 주셔서 가지고 왔습니다.

  소금은 몇 년 전에 사서 간수를 빼서 쓰고 있는 신안 천일염을 사용했습니다. 장맛은 물맛이라는 말이 있는 것처럼 좋은 물을 사용하는 것도 중요합니다. 도시에서는 생수를 사다가 장을 담그기도 하는 것 같습니다만 저는 집에서 사용하는 지하수로 담기로 했습니다. 지하 100미터까지 판 암반수이기 때문에 수질과 맛은 좋다고 생각합니다.

  날씨도 영상으로 올라가 제법 햇볕이 따사로웠습니다. 하루 전에 미리 메주 세 덩이를 솔로 씻어서 말려 놓았습니다. 된장을 담글 장독은 쌀독으로 사용하던 장독입니다.

  장독을 먼저 소주로 닦아내고 꿀을 한두 방울 떨어뜨린 숯을 피워서 장독 안에 넣어 연기 소독을 한 번 더 해 줍니다. 붉은 고추와 대추, 옻나무와 소나무 가지 서너 개와 숯을 깨끗이 씻어놓았습니다. 숯은 잡냄새를 잡아주고 옻나무는 된장 맛을 좋게 하고 소나무 가지는 메주가 뜨는 것을 방지하고 소나무 향이 배도록 하기 위해서라고 합니다.

  제일 중요한 것은 물의 염도를 맞추는 것입니다. 메주 한 말에 20리터의 물을 준비해서 천일염을 넣고 소금물을 만듭니다. 메주 한 말에 소금은 3.5kg 정도 든다고 하는데 조금씩 넣고 풀면서 염도를 맞춥니다. 계란을 물에 띄워서 500원짜리 동전 크기 정도 떠오르면 된다고 하는데 염도계를 사서 17도에 맞추는 것이 제일 정확합니다.

이렇게 모든 준비가 끝나면 된장을 담급니다.

장독에다 메주 세 덩이를 넣고 염도를 맞춘 소금물을 삼베 포를 대고 메주가 잠기도록 부어줍니다. 그 위에 고추와 대추, 옻나무와 숯을 넣고 마지막으로 메주가 물 밖으로 뜨지 않도록 소나무 가지를 위에 올리고 매끈한 돌로 눌러줍니다. 메주가 물 밖으로 뜨면 곰팡이가 필 우려가 있어서 소금물에 완전히 잠기도록 하는 것입니다.

그렇게 하고 나면 된장 담그기 끝.

예전에는 낮에는 장독 뚜껑을 열어서 햇볕을 받게 하고 저녁에 닫아주곤 했다는데 지금은 세상이 좋아져서 투명한 장독 뚜껑을 사서 덮어주면 비도 들이치지 않고 햇볕이 자연스럽게 들어가서 된장이 맛있게 익는다고 합니다. 된장 담근 독은 마당 한쪽 평평한 바위 위에 있는 장독대에 나란히 놓았습니다. 바로 옆에 소나무가 있어서 제법 운치가 나는 장독대입니다. 시골집마다 하나씩 있는 아담한 장독대가 그려지지 않으신지.

　장독이 숨을 쉬고 따사로운 봄 햇볕을 마음껏 받으면서 된장이 잘 익어가리라 믿습니다. 된장은 60일이 지나야 완전히 익는다고 하였는데 밖에 나갈 때마다 된장 독을 들여다보는 마음은 조바심과 기대의 다른 모습입니다.

　이번 된장 담그기는 큰 모험이었습니다. 그래도 둘이서 소꿉놀이 삼아 이리저리 주물러 가면서 해 보니 나름의 재미가 쏠쏠했습니다. 두둥실 떠올라 지천으로 펼쳐지는 저 달빛도 된장을 맛있게 익어가도록 비춰주고 있습니다.

　두 달 후 된장을 가르면 맛보시라고 조금 보내드리겠습니다. 가능하다면 저의 첫 된장을 핑계 삼아 지글자글 끓는 된장찌개를 마주하고 함께 식사를 할 수 있는 기회가 있으면 더 좋겠습니다.

단골손님이 된 야생고양이

아침에 일어나 보니 창밖으로 하얗게 눈이 내리고 있습니다. 사람들이 깰까 봐 밀가루 같은 눈이 조심조심 혼자 조용히 내리고 있습니다. 내리는 눈을 보니 걱정 하나가 꼬물꼬물 올라옵니다. 이렇게 눈이 오는데 어디서 잠은 잘 잤을까?

집이 산기슭에 있다 보니 주변에 새와 동물들이 많습니다. 새들은 지천으로 지지대고 딱따구리 소리도 요란한 데다 산비둘기, 까마귀, 때까치, 꿩, 고라니에 멧돼지까지 출몰합니다. 고라니와 멧돼지는 밭작물을 파 헤집어 피해를 주기도 합니다.

야생 고양이들도 많이 보입니다. 노란색이 제일 많고 노란색에 배 쪽으로 하얀 무늬가 있는 놈, 얼룩덜룩한 호피 무늬에다 더러는 아주 까만 놈도 있습니다.

어느 날인가 고양이 한 마리가 집 마당에서 야옹거리며 바라보고 있습니다. 노란색에 턱과 가슴 쪽에 하얀 무늬가 약간 있는 고양이였습니다. 배가 고파 저러나 싶어 멸치 몇 개와 밥을 조금 개서 마당 옆에 놓아주고 내다보니 쥐를 잡으러 오는 것처럼 살금살금 다가와서 몇 번 냄새를 맡아보다가 먹습니다. 먹으면서도 주변을 상당히 경계하는 것이 야생 고양이 특유의 습성이 몸에 배어 있습니다.

그날 이후 그 고양이는 매일 때를 맞춰 마당 가에 앉아 야옹거립니다. 그런 고양이가 신기하고 반갑기도 해서 올 때마다 밥을 챙겨주었습니다.

고양이의 이름까지 지었습니다. 이것저것 생각하다가 그냥 '야옹이'로 정했습니다. 그게 부르기도 쉽고 그 고양이도 이해하기 쉬울 것 같아서.

그렇게 밥을 챙겨주었더니 가까이 다가가도 피하는 것이 줄어듭니다. 어떤 때는 밥을 달라고 야옹거리면서 다리 주변을 맴돌 정도로 가까워졌습니다. 밥을 먹을 때 다가가 등을 쓰다듬자 처음에는 움찔거리더니만 가만히 있습니다. 그 작은 야생 고양이가 뭐라고 그렇게 한 번 쓰다듬어 본 것뿐인데 마음이 그쪽으로 확 쏠립니다. 이제 정말 그 노란 야생 고양이 '야옹이'가 우리 고양이가 된 듯한 느낌입니다.

하지만 야생 고양이는 야생 고양이입니다. 배가 고플 때는 불쌍한 표정을 지으면서 야옹대다가 밥을 다 먹고 나면 쌩하고 뒤도 돌아보지 않고 꼬리를 감추어 버립니다. 당연히 먹을 밥을 먹고 간다는 듯이. 그리고 등을 쓰다듬는 것 외에는 더 이상 접근을 허락하지 않습니다. 등을 쓰다듬다가 한 번 안아보려고 하면 후다닥 저만치 달아나 버립니다. 그 마음을 이해는 하면서도 섭섭한 마음을 감추지 못합니다. 다음부터는 밥을 주나 봐라, 하고 매정한 마음을 먹다가도 막상 와서 불쌍한 표정으로 야옹거리는 것을 보면 또 마음이 약해집니다.

주변 분들은 야생 고양이들이 와도 밥을 챙겨주지 않고 휘이 쫓아버립니다. 밥을 주기 시작하면 고양이들이 자꾸 꼬이고 새끼를 쳐서 늘어난다고 걱정하며 저희가 밥 주는 것도 반기지 않습니다. 그 말이 신경 쓰이기는 합니다.

정말 그런 사달이 났습니다. 야옹이의 배가 조금씩 불어나더니 어느 날부터는 밥을 먹을 때 배가 땅에 닿을 정도가 되었습니다. 옆으로 누울 때 젖꼭지가 나온 것이 임신한 게 맞았습니다. 몇 주일 지난 어느 날 건너편에서 연락이 왔습니다. 주차장 한구석에 노란 고양이가 새끼를 낳았는데 그 집 고양이(?)가 아닌지 와서 보라고. 건너가서 살펴보았더니 야옹이가 맞습니다. 새끼 네 마리를 낳았습니다. 출산 뒷바라지한답시고 이것저것 먹을 것을 챙겨주고 왔습니다. 그런데 뒷날이 되자 새끼 세 마리가 없어지고 한 마리만 남았습니다. 사람들한테 보금자리를 들키고 나니 불안해서 새끼를 다른 곳으로 옮겨버린 것입니다. 밤새 세 마리를 옮기고 한 마리는 아직 옮기지 못한 모양입니다. 날씨는 점점 추워지는데 어미는 나타나지 않습니다. 사람들이 들락거리니 오지 못하고 밤이 깊기를 살피고 있는 것이겠죠. 새끼가 얼어 죽을까 봐 따뜻한 곳으로 옮기기로 했습니다. 우리 고양이가 낳은 새끼이니 우리 집에서 살펴줘야 한다고 낙찰을 보았습니다.

남은 새끼를 박스에 담아 데리고 왔습니다. 아직 젖도 떨어지지 않은 어린 새끼를 어찌해야 좋을지 난감했습니다. 우유를 미지근하게 데워서 그릇에 담아주기도 하고 손가락에 묻혀서 입에 넣어 주기도 했지만 조금 핥아먹다가 이내 뱉어내고 맙니다. 새끼는 밤새 울부짖고 발버둥 치면서 엄마를 찾습니다. 저러다가 잘못되기라도 할까 봐 걱정이 이만저만 아니었습니다.

아침에 문을 열어 보니 야옹이가 밖에 있습니다. 밤새 새끼가 우는 소리를 듣고 찾으러 온 것일까요? 혹시나 해서 여기 네 새끼 있으니 데리고 가라고 새끼를 앞에다 놓았더니 저만치 있던 녀석이 다가와서 덥석

모가지를 물고 쏜살같이 어디론가 내달립니다.

  큰 짐 하나를 벗었습니다.

  야생 고양이들은 겨울에 새끼를 낳으면 추위 때문에 살아남지 못하는 경우가 많다고 합니다.

  주변 분들의 이야기가 대충 맞았는지 두어 달이 넘어도 새끼들은 보이지 않고 야옹이 혼자서만 집을 찾아옵니다. 새끼들 잘 키우라고 이것저것 영양분 있는 것을 챙겨주면 넙죽넙죽 받아먹기만 하고, 새끼들 잘 크고 있느냐고 물어봐도 그저 밥만 허겁지겁 먹을 뿐 들은 척도 안 합니다. 야옹이는 끝내 새끼를 데리고 오지 않았지만 새끼 잃은 내색도 하지 않습니다. 이제는 더 대담해져 인기척만 나면 어찌나 크게 울어대며 밥을 달라고 보채는지 점점 낯짝이 두꺼워지고 있습니다. 그러면서도 밥을 먹고 나면 뒤도 돌아보지 않고 가 버리는 냉정하고 도도한 모습은 조금도 변함이 없습니다. 제 마음 따위는 전혀 상관할 바 아니라는 표정입니다.

  이렇게 야생 고양이의 밥을 챙겨주고 가끔 등을 쓰다듬어 보는 정도의 애완이 저에게는 딱 맞는 것 같습니다. 조금 거리를 두고 서로 바라보는 것도 그리 나쁘지 않은 것 같습니다.

  사람과의 사이도 너무 가까운 것보다 조금의 거리를 두고 친근감을 나누는 것이 좋지 않을까 하는 생각을 해 봅니다.

야옹이는 이제 우리 집의 단골손님이 되었습니다. 하루라도 보이지 않으면 무슨 일이 있나 걱정이 됩니다. 문을 열고 나가서 없으면 야옹아 하고 불러 봅니다. 어떤 때는 어딘가 숨어 있다가 제가 문밖으로 나가면 나타나기도 하고 아랫집에 있다가 부리나케 쫓아오기도 합니다.

그런데 또 한 가지 문제가 생겼습니다. 요즘 들어 다시 배가 점점 불어나고 있습니다.

고양이는 임신 주기가 별도로 없어서 새끼만 없으면 계속 임신한다고 하더니만 정말 그런 것 같습니다. 집 한구석에 빈 박스를 두어 개 쌓고 수건도 깔아 주었습니다.

계속 새끼를 낳아야 하는 야옹이의 운명이 안타깝습니다. 이번에 새끼를 낳으면 야옹이와 그 새끼들까지 모두 중성화 수술을 시켜주어야 하겠습니다.

쌀독에서 인심 난다

쌀독에서 인심 난다고 하였습니다.

이곳은 동네에 구멍가게가 없어서 먼 소재지에 나가야 생필품을 구할 수 있다 보니 혹시라도 쌀이 떨어지는 날이면 어디서 살 수도 없고 꼼짝없이 굶어야 합니다. 쌀이 없으면 고기를 대신 먹으면 되긴 하겠네요.

빵이 떨어졌으면 케이크를 먹으면 되지 않겠느냐고 말한 서양의 어느 왕비는 아마 나뭇잎처럼 바짝 메마른 국민들의 정서가 애처로워 국민들을 한 번 웃겨주려고 그런 말을 한 것은 아닐까 하고 생각해 봅니다.

이곳에 오고 나서 실제로 쌀이 바닥을 드러내서 마음을 졸인 적이 있습니다. 그렇다고 굶지는 않겠지만 내심 불편했습니다. 갑자기 손님이라도 오면 어떡하나 생각하니 밥을 먹을 때마다 괜히 신경이 쓰였습니다. 그런 신경을 쓰는 것이 싫어서 몇 개월 먹을 쌀을 한꺼번에 들여놓았습니다. 쌀을 세 자루나 들여놓고 나니 그제야 마음이 놓입니다. 먹을 때 밥맛도 더 좋은 것 같고. 쌀을 오래 쌓아놓으면 좀 벌레가 먹는다고 하는데 설령 벌레가 조금 슨다 해도 부족해서 마음 조이는 것보다는 낫습니다.

주변에는 은행나무들이 많아서 가을이 되면 은행이 우수수 떨어지는데 알도 제법 큽니다. 다른 분들은 은행을 별로 좋아하지 않는지 아무도 주워가지 않습니다. 아무도 봐주지 않는 은행알이 애처로워 저희라도 구제해 주어야 하겠다는 마음으로 은행을 주워와서 껍질을 불리고 물에 씻고 며칠 동안 햇볕에 말려서 매일 열 알씩 구워서 먹었습니다. 은행알을 꾸준히 먹으면 감기에 걸리지도 않고 여기저기에 좋다고 합니다. 우유 팩에다 은행 열 알을 넣고 전자레인지에서 퍽퍽 하는 소리가 날 때까지 돌려서 껍질을 벗긴 후 초록초록한 은행알을 하나씩 쏙쏙 빼 먹습니다. 맛이 꽤 쏠쏠합니다.

은행의 의학적인 효능은 입증된 지 오래입니다.

은행잎 추출물로 만든 의약품을 가지고 두 회사가 제법 큰 싸움을 벌여 떠들썩했던 적도 있었습니다. 은행을 먹다 보니 은행에 대한 다른 이야기들도 귀에 들어옵니다.

도시의 가로수에서 떨어진 처분 곤란한 은행잎을 남이섬으로 가져가서 모두 재사용하고 있다거나 의약품의 원료가 되는 은행잎이 부족해서 중국에서 전량 수입하고 있다는 사실까지 알게 되었습니다. 주변에서도 은행잎을 이용하는 사례 한 가지가 더 있었습니다. 푸른 은행잎으로 효소를 담아서 무밭에 뿌리면 해충이 없어지고 무가 쑥쑥 자란다고 합니다. 칠순이 넘은 어르신의 경험입니다.

매일 은행 열 알씩을 먹다 보니 양이 만만치 않습니다. 은행이 날마다 눈에 띄게 줄어드는 것이 보입니다. 이러다가는 겨울을 넘기기 전에 다 떨어져 버릴 것 같습니다.

은행을 더 주워 오자고 아내를 설득해 봅니다만 요지부동입니다. 은행이 다 떨어지면 내년에 다시 주워 먹으면 되지 왜 갑자기 은행 먹기에 열심이냐고, 은행 안 먹는다고 어디 큰 병 나는 것도 아니라고.

하지만 저는 이 새로운 즐거움을 중단할 생각이 없습니다. 산책할 때 혼자서라도 은행을 줍겠다고 비닐봉지를 들고 나섭니다. 12월의 찬바람을 맞으며 은행잎들을 뒤적일 때마다 은행알들이 수북이 나옵니다. 얼마 줍지 않았는데도 비닐봉지가 가득 찹니다. 껍질을 까고 말렸더니 큰 플라스틱 우유 통 두 개를 꽉 채울 정도가 되었습니다.

이 은행들을 다 까먹을 즈음이면 대동강 물이 풀리고 잠들었던 개구리가 튀어나올 것입니다.

그렇게 충분히 재고를 확보해 놓고 나니 그제야 은행을 먹으면서도 안심이 되고 몸속에서도 제대로 효과가 나타나는 것 같습니다.

역시 옛 어른들의 말이 맞았습니다. 쌀독에서 인심 난다고.

충분하게 쌓아놓고 있어야 마음이 놓이는 것은 책도 마찬가지입니다. 직장에 다닐 때는 한 번에 넉넉하게 주문해서 쌓아놓고 읽었습니다. 이곳에 오고부터는 몇 권씩 구입하곤 하는데 아무래도 마음이 편치가 않습니다. 쌀독의 쌀이 떨어질 때의 조바심 같은 것입니다.

그래서 읽었던 책을 꺼내서 다시 읽기도 합니다.

책을 다시 읽는 일이 의미 있는 일이라는 것을 알면서도 못했는데 읽을 책이 부족하다 보니 어쩔 수 없이 생각해 낸 방법입니다. 미루어 놓았던 숙제를 하는 기분으로 꼼꼼하게 읽습니다. 밑줄 쳐 놓은 부분을 보면서 그때는 이곳에 왜 밑줄을 쳤을까 음미해 보기도 합니다.

다시 읽기는 맛있는 음식을 한참의 시간이 지난 후에 다시 먹어보는 것과 비슷한 맛입니다.

다시 읽기가 새 책에 대한 갈증을 모두 없애지는 못합니다. 저는 새 책의 싱그러움에 대한 갈증이 더 큰가 봅니다. 읽을 책이 몇 권 남지 않은 책장을 바라보는 것은 늦가을 잎이 다 떨어지고 앙상한 가지만 남은 은행나무를 바라보는 안타까운 심정입니다.

그런 조마조마한 마음을 견디다 못해 기어이 사고를 치고 말았습니다. 몇 번을 망설이다가 카드로 100만 원 가까운 책을 눈 딱 감고 결제해 버렸습니다. 며칠 후 도착한 책들을 책장에 꽂아 놓고 나니 마음이 더 너그러워지고 부자가 된 기분이 듭니다.

덜떨어진 사람의 덜떨어진 행동을 탓해야 하겠지만 사람이 느끼는 재미가 어디 모두 같을 수야 있겠습니까. 카드 결제일이 다가올수록 카드값이 걱정되지만 활자중독증 환자의 불안과 초조 증세를 없앤 것이 더 큰 수확입니다.

귀촌에도 월말은 있다

아내는 또 카드 대금 청구서를 놓고 계산기를 두드리고 있습니다.

이번 달도 생각했던 것보다 많이 나왔는지 낯빛이 별로 좋지 않습니다. 어차피 나온 카드 대금을 두고 뭘 그리 이리 재고 저리 두드리고 하는지 모르겠습니다만 가계를 꾸려가는 아내로서는 큰 문제인 듯싶습니다. 그 마음도 이해는 됩니다. 예전에는 때만 되면 월급이 따박따박 나왔으니 크게 신경 쓰지 않아도 되었겠지만 지금은 상황이 완전히 달라졌으니.

책상 앞에서 안 보는 척 흘끔거리다가 슬며시 밖으로 나와버립니다. 괜히 마음에 찔립니다.

이사를 오기 전부터 제일 신경 쓰이던 문제가 돈 문제였습니다. 모든 것은 먹고사는 일이고 먹고사는 데는 돈이 들기 마련이니 돈이 가장 큰 문제입니다. 살면서 단 얼마 동안이라도 돈 걱정 없이 살아봤으면 원이 없겠다는 생각이 듭니다.

무작정 모른 척한다고 누가 해결해 줄 것도 아니니 어떻게든 방법을 찾아야 했습니다. 더 이상 수입을 늘리거나 가용 자본을 더 쌓는 것은 불가능에 가깝습니다. 현시점에서 실현 가능한 방안은 지출을 줄이는 것뿐입니다.

가장 먼저 마이너스 통장을 정리했습니다.

처음 만들 때는 무슨 일이 생겨 급하게 돈을 써야 할 때 유용하다는 말에 솔깃하기도 했고 만들어놓고 쓰지 않으면 된다는 나름의 계산도 있었습니다. 다른 사람들도 처음에는 그런 생각으로 마이너스 통장을 만든다고 합니다. 막상 통장을 개설해 놓고 나니 마음이 살짝 바뀝니다. 처음에는 몇만 원만 빼 쓰지 뭐, 까짓 이자가 얼마 되겠어? 다음 월급 때 원금을 갚아버리면 되고, 하는 마음으로 쓰기 시작한 것이 점점 늘어나 이자도 불어나고 한계에 달했다 싶으면 어쩔 수 없이 원금을 채워 넣긴 하지만 이내 또 꺼내쓰는 악순환이 반복됩니다. 이런 악순환을 끊겠다는 절박함에 통장과 카드를 가위로 잘라버렸습니다. 제 가슴을 가위로 찌르는 것처럼 아팠습니다.

그리고 나니 이만저만 불편한 것이 아니었습니다. 수중에 가진 현금이 없거나 카드가 간당간당할 때는 집에다 손을 내밀기도 그렇고, 그렇다고 누굴 안 만날 수도 없고.

가계에 부담이 되는 줄 알면서도 상환하지 못하고 있던 대출도 구조조정에 들어갔습니다. 월급을 받으면 원금을 조금씩 상환해서 이자 부담을 덜기로 했습니다. 그러다 보니 살림이 빡빡하고 힘들었지만 그렇게 하지 않으면 퇴직 시점에 한꺼번에 상환하느라 손에 쥐는 돈이 거의 없게 될 수도 있었습니다. 매달 원금을 조금씩 갚아왔더라면 원금도 줄고 이자도 줄어드는 이중의 효과를 봤을 텐데 중도 상환 수수료가 무섭다는 핑계만 대고 그냥 내버려두었던 것입니다. 퇴직이 2년 정도 남았던 시점이어서 적은 돈이라도 꾸준히 갚아나간다면 제법 많은 원금을 상환할 수 있다는 계산이 나왔습니다.

또 한 가지를 정리해야 했는데 이때가 제일 힘들었습니다. 매월 통장에서 빠져나가던 기부금을 모두 정리하기로 했습니다. 그런 결정을 내리기까지 마음이 아팠지만 어쩔 수 없었습니다.

열 군데 정도 나가는 기부금의 액수야 그리 크지 않았지만 정기적인 수입이 넉넉지 않은 상황에서는 그 돈도 부담이 될 것이라는 결론에 도달했습니다.

기부는 제가 가장 중요하게 생각하는 일 중 하나였습니다. 처음 회사에 들어가 첫 월급을 받아서 가장 먼저 한 일이 어머님의 빨간 속옷을 산 것과 어린이재단에 기부를 시작한 것이었으니 30년 넘게 계속된 일입니다. 그렇게 시작한 기부가 열 군데 정도로 늘어났습니다.

제가 가난하게 살아왔기 때문에 어려운 사람들을 보면 어릴 적 기억이 떠올라 모른 척 넘어가질 못합니다. 이것 역시 자기만족에 다름 아닙니다만.

모든 기부처에 일일이 전화해서 양해를 부탁하고 기부를 끊었습니다.

30년 정도를 기부해 왔으니 그 정도 했으면 되지 않았느냐 하고 스스로를 토닥이며 위로합니다.

아이들에게도 매월 적은 금액이라도 기부하는 습관을 들이라고 이야기합니다만 얼마나 귀담아들을지는 장담할 수 없습니다.

가계의 체질 개선을 위한 마지막 방안은 카드 지출을 줄이는 것이었습니다.

무작정 쓰다 보니 월급이 나오면 카드 대금으로 다 빠져나가고 또다시 카드로 물건을 구입하면 다시 월급통장에서 빠져나가는 영원회귀에 버금가는 슬기로운 카드 생활을 해왔습니다.

회식할 때도 남들이 모두 구두끈을 매고 있는데 혼자 끈 없는 구두를 신고 와서 앞장서서 결제를 해왔고 사회성을 확장하고 관계를 넓혀 그 위상을 높이겠다는 신념 하나로 매일 모임과 만남을 지속해 왔으니 그 결과야 보지 않아도 뻔합니다.

지금과 같이 써댄다면 월급으로 카드 대금 결제도 못 하고 연체되어 카드사용이 중지되고, 그러다 다른 카드를 또 발급받아 사용하다 다시 연체되고… 그 연체 대금을 갚기 위해서 대출을 받아야 하고 대출이자가 연체되면 더 높은 이자로 대출, 그러다 마지막에는 콩팥까지?

생각만 해도 끔찍합니다.

쓰지 않는 카드는 모두 해지하고 사용하는 카드에 제법 **빡빡하게** 한도를 설정했습니다. 카드사용을 줄이고 최대한 현금을 쓰기 시작했습니다. 그것도 카드를 정리하면서 깨친 하나의 요령이었습니다. 현금까지 떨어질 즈음이면 물건 구입도 최대한 미루었습니다. 야식 같은 주전부리도 냉장고를 뒤져서 이것저것 직접 만들어 먹습니다. 이른바 냉장고 파먹기.

사회성 강화 운동에서도 한발 물러났습니다. 사람들을 모으고 만나던 것을 조금씩 거르기 시작했고 집에 급한 손님이 오기로 했다는 대담한 거짓말까지 서슴지 않았습니다.

그런데 막상 이곳으로 이사를 하고 나니 별 효과가 없습니다.

여기서는 돈 쓸 일이 없을 것 같은데도 공과금과 병원비, 개인보험 같은 것은 필수적으로 내야 되고 한 달에 한 번 정도는 꼭 도시로 나갈 일도 생깁니다. 직장 생활을 하면서 배인 소비 습관은 좀처럼 고쳐지지 않습니다. 생활비에서 단돈 10만 원을 줄이는 것도 얼마나 힘든 일인지 절실히 느낍니다.

이곳이 외진 곳이라 피자나 치킨, 중국집 음식 같은 것을 배달해 주지 않는 것은 그나마 다행(?)이지만 식기를 비롯한 가재도구는 물론 작은 물품까지 사야 할 것이 끝없이 나옵니다. 정원을 꾸민다고 나무와 화초들을 계속 주문하고 집을 수리한답시고 공구네 뭐네 사들이다 보니 그것도 습관성 질병에 가깝습니다.

말은 하지 않지만 책상 앞에 앉아서 저렇게 카드 대금 청구서를 놓고 심각하게 계산기를 두드리는 것은 저에 대한 무언의 항의입니다. 숨만 쉬어도 돈이 든다는 말은 만고의 진리임을 다시 한번 느낍니다. 좋은 공기로 숨 쉬는 데는 더 많은 돈이 드는가 봅니다.

허공에 그려진 삶

참깨는 거둬들인 지 한참 지났고 들깨는 베어서 밭고랑을 따라 길게 뉘어놓았습니다. 햇볕 아래 며칠 더 말려 큰 천막 펼쳐놓고 도리깨질을 해서 바람에 껍질을 날린 다음 포대에 담을 것입니다. 옆에는 유난스러웠던 무더위 때문에 김장을 할 수 있을까 걱정했던 배추가 한여름을 굳건히 이겨내고 겉잎을 무성하게 피워 올리며 속이 들어차고 있습니다. 절반 가까이 몸을 쑥 내민 탐스러운 무가 김장이 멀지 않았음을 말해줍니다.

오늘따라 주변은 아무런 기척도 없습니다. 야생 고양이들은 따뜻한 햇볕을 쬐기 위해 양지바른 지붕으로 올라가 졸고 있는지 보이지 않고 시도 때도 없이 찍찍대던 때까치들도 다른 곳으로 놀이를 갔는지 정적만이 흐릅니다.

며칠째 덥지도 춥지도 않은 가을날이 계속되어서 모처럼 정원을 한 바퀴 둘러봅니다. 정원이라고 해봐야 이사 올 때부터 있던 소나무 여섯 그루와 울타리 삼아 빙 둘러 심어놓은 영산홍, 개천 쪽 축대에 심어놓은 라일락과 산사나무, 목련, 그 안쪽으로 알뿌리 식물들이 자라는 자그마한 화단이 철쭉 두 그루를 양쪽에 거느리고 있는 커다란 조경석과 마주하고 있습니다.

곳곳에는 다른 집에서 분양받아 온 이름 모를 화초들이 자라고 있습니다. 제대로 관심을 준 적도 없고 거기 자라고 있는 줄도 모르고 있었는데 지나다가 앙증맞은 꽃들이 소담스럽게 핀 것을 볼 때면 꽃들에게 미안한 마음이 듭니다.

정원 끝에는 상추나 고추, 치커리 등을 심어서 뜯어 먹는 손바닥만 한 텃밭이 있습니다. 화초를 좋아하는 분들은 온종일 정원에서 꽃을 가꾸며 정성을 들입니다. 그런 정원을 볼 때마다 부럽기는 하지만 그저 부러워만 할 뿐 그렇게 가꿀 엄두는 내지 못합니다. 그저 남의 떡이 커 보일 뿐입니다. 저도 잡초를 뽑고 가지치기 흉내를 내고 이런저런 화초를 얻어다 심으면서 정성을 들이다 보면 조금씩 모양이 갖추어질 날이 올까요? 큰 기대는 하지 않는 게 좋을듯싶습니다.

그렇게 정원을 한 바퀴 돌아보고 나서 하늘을 올려다봅니다.
직장 생활을 할 때는 하늘 한 번 쳐다볼 겨를도 없이 땅만 보며 뛰어다녔습니다. 여기 와서도 마찬가지입니다. 여기서야 특별히 신경 쓸 일도 없으니 매일 하늘을 바라보며 살 수 있으리라 생각했는데 그렇게 되고 말았습니다. 저 하늘에게도 미안합니다.

하늘은 유난히 깨끗합니다. 잡티 하나 없는 순수하게 짙은 하늘입니다. 다른 어떤 수식어를 붙여도 그 본질에 도달할 수 없을 정도로 순수한, 우리가 알고 있는 맑고 깨끗한 하늘색 그 자체입니다.

하늘 꼭대기에서 누군가가 짙은 청색을 뿌려놓은 것 같습니다. 그 짙은 하늘색은 서서히 아래로 내려오고 있습니다. 맑은 물속에 떨어뜨린 청색 물감 한 방울이 서서히 퍼져나가듯 조금씩 아래로 내려오고 있습니다. 산봉우리에서 거의 10여 미터 위까지 내려와 있습니다. 조금 지나면 저 산봉우리마저 짙은 하늘색으로 뒤덮이고 집 뒤 언덕에 있는 소나무와 잣나무의 제일 높은 가지까지 닿을 시간도 얼마 남지 않았습니다. 그런 하늘을 한동안 바라보았습니다.

그렇게 짙은 청색이 서서히 내려오는 하늘을 바라보고 있는데 이파리 하나가 어디서 나타났는지 공중에 떠 있습니다. UFO가 나타나기라도 하듯 갑자기 공중에 가만히 떠 있습니다. 그 이파리는 서서히 아주 서서히 팔랑거리지도 않고 움직인다는 느낌마저 없이 조용히 내려옵니다.

그것은 중력장에서의 낙하운동이 아니라 무중력의 공간에서 어떤 의지에 따라 움직이는 듯한 모습이었습니다. 짙은 청색이 바람 한 점 없는 하늘을 물들이며 아래로 내려오고 인기척이나 동물과 새들의 울음소리도 들리지 않는 정적이 감도는 가운데 이파리 하나가 무중력 하강운동을 하는 것을 그저 멍하게 바라봅니다.

그러다가 그 이파리가 땅에 떨어진 것을 알고 후다닥 그쪽으로 뛰어가 찾아봤지만 그곳에는 도토리 이파리와 아카시아 줄기들이 널려 있을 뿐입니다. 혹시 그런 이파리가 다시 나타나지 않을까 허공을 쳐다보았지만 더 이상 아무것도 없습니다. 정신을 차리고 보니 산봉우리 근처까지 내려오던 짙은 하늘색은 더 이상 내려오기를 멈추었습니다. 조금 전보다 살짝 얇아진 듯 보입니다.

제가 본 것은 무엇이었을까요? 환영이었을까요?

가을이 익어가는 지금까지 텃밭 하나를 얻어 농사를 지어보겠다고 작물을 심고 약을 치고 잡초를 뽑으면서 정신없이 보냈고, 쉬이 쓰이지 않는 글을 붙잡으려고 무던히도 애를 태웠습니다. 도시인들에 비하면 이곳 생활은 바쁨 근처에도 갈 수 없고 바쁘다는 말 자체도 부끄럽습니다만 나름대로는 상당히 부산을 떨며 보냈습니다. 그래서 저의 또 다른 자아가 조금 쉬면서 좌우를 돌아보며 살라고 이런 갑작스러운 광경을 보여준 것은 아닐까 생각해 보았습니다. 여기서는 게으름을 부리며 살아가자고 생각했었는데 여전히 바쁘게, 열심히, 무엇인가 이루고 남겨야 한다는 강박적인 태도를 버리지 못하고 있었나 봅니다.

천천히 아무것도 생각하지 않고 그저 흘러가는 대로 살아가는 것도 쉽지 않습니다. 머릿속에서는 그러자고 하면서도 실제로는 뭔가를 하지 않으면 왠지 허전하고 다른 사람들은 저렇게들 바쁘게 사는데 나만 이렇게 허송세월하고 있어도 되는가 하는 죄의식 같은 것이 마음 한 곳에 또아리를 틀고 있습니다. 이런 마음들은 좀 더 갈 것 같습니다. 그 마음이 없어지는 것마저도 조급해하지 말고 기다려 주어야 할 것입니다.

공중에 떠 있던 그 무중력의 이파리는 이런 뜻이 아니었을까요?
어떤 중력도 작용하지 않는 그 이파리처럼 아무 간섭 없이 천천히 살아가라고, 그래도 된다고.

시골노트

전원살이의 보람과 재미

"그악스러운 추위를 용케도 이겨내고 예쁜 마늘 싹이 돋아났습니다.
겨울을 나느라 고생한 저 가녀린 순들을 꼭 안아주고 싶습니다."

"어디 가나 조용히 살 팔자는 못 되나 봅니다. 하다못해 야생 고양이 집 사까지 하게 생겼으니, 정원은 고양이들의 놀이터가 되어 버렸습니다. 이것도 여기 사는 재미라고 생각하겠습니다."

제3장

책에 기대어
살아가는 마음

책은 저의 길을 밝혀주는 등대이고 길잡이입니다. 가끔은 이해되지 않는 책을 붙들고 끙끙대며 좌절하기도 하지만 책 속에서 길 잃기도 독서의 또 다른 즐거움 중 하나입니다.

어둠 속 등불 같은 작가와 작품들

죽음도 불사할 만큼 비장함은 아닐지라도 삶의 터전을 옮기고 생활 방식을 완전히 바꾸는 일은 상당한 각오가 필요했습니다.

이사할 집 내부인테리어와 잡풀투성이인 정원을 다시 꾸미기 위해 온갖 구상을 하면서 하루에도 수십 번씩 집을 부수고 고치기를 반복했습니다. 결국은 돈 문제였습니다. 견적서를 받아보면 생각했던 금액과 차이가 너무 나서 또 다른 업체를 알아보는 악순환이 계속되었습니다. 이래서는 아무것도 안 되겠다 싶어 포기할 것은 과감히 포기하고 가진 예산에 맞추는 수밖에 없었습니다.

그렇게 해서 어렵게 집수리 공사를 시작했지만 한 가지 포기하지 못한 것이 있습니다. 바로 서재입니다. 조용히 책을 읽으면서 지내는 것이 새 생활의 핵심이라 할 수 있습니다. 그러기 위해서는 세상사를 비켜난 한적한 집에 서재가 갖추어져 있어야 했습니다. 그것은 무엇과도 바꿀 수 없고 양보할 수 없는 조건이었습니다. 서재만 갖추면 제가 꿈꾸던 생활의 준비는 모두 마치는 셈이 됩니다. 조금 극단적으로 말한다면 평생 조용하고 자그마한 집에 제가 그리던 서재 하나를 갖기 위해 모든 삶을 바쳐왔다고 할 수 있을 정도입니다. 그것은 멋진 차를 보면서, 명품 가방을 보면서 솟구치는 기쁨과 같은 하나뿐인 저의 로망입니다.

다른 조건을 다 무시하고 북향인 이 집을 선택한 것도 그런 이유에서 였습니다. 방 두 개에 작은 주방 겸 거실이 있는 집이라 서재를 꾸밀 공간이 없었지만 거실 한쪽이 솟을 천장으로 되어 있어 개방감이 있고 넓은 창문으로 바깥 풍경을 바라볼 수 있는 구조는 제가 바라던 조건과 일치했습니다. 그래서 다른 것은 더 이상 보고자시고 할 것도 없이 계약해 버리자 집주인도 의아해할 정도였습니다. 집은 좋은데 북향이어서 주인을 찾지 못하고 몇 년을 애태우고 있었는데 하루 와서 보자마자 계약하자고 달려들었으니.

그렇게 제가 꿈꾸던 저만의 서재를 거실에 꾸미기 시작했습니다.

정면과 뒷면의 양쪽 벽은 천장까지 붙박이 책장을 설치하고 주방 쪽으로는 서재와 구분되도록 가슴높이의 책장으로 가려서 개방감과 함께 서재의 분위기를 살려냈습니다. 서재 중간에 6인용 식탁 크기의 원목 책상과 의자 네 개를 놓고 책을 읽다가 피곤하면 쉬다가 자다가 할 수 있는 소파를 정면 책장 앞에 설치했습니다. 책상 바로 위 천정에 LED 조명을 설치해서 그림자가 생기지 않도록 했습니다. 책상에 컴퓨터가 마지막으로 설치되고 나니 제가 그토록 그려왔던 그림대로 서재가 만들어졌습니다. 완성된 서재의 책상에 앉아 앞뒤로 꽉 찬 책장을 바라보니 흐뭇하기 이를 데 없었습니다.

바로 이거야, 내가 꿈꾸던 것이. 그렇게 또 하나의 꿈이 이루어졌습니다. 몇 년간의 긴 여행 끝에 원하던 항구에 당도한 느낌, 아이들의 말처럼 엔돌핀이 뿜뿜하는 느낌입니다.

이제 가지고 있던 책을 선별해서 이사시킬 차례입니다. 집에 있는 책을 모두 가지고 오기에는 책장이 모자라기도 하고 이곳은 앞으로 하나씩 채워갈 공간이기에 그럴 필요도 없었습니다. 어떤 책을 이사시킬 것인지 고민이 많았습니다. 여행 갈 때 읽을 책을 몇 권 고르는 것과는 다른 문제였습니다. 며칠 동안 이 책 저 책을 꺼냈다 꽂기를 반복하다가 결심을 굳혔습니다.

첫 번째 선택한 책은 저를 여기에 이르도록 이끌어 준 장석주 작가의 책입니다. 그분의 독서에 대한 열정과 신념에 매료되어 그분이 가리키는 길을 따라 한 걸음씩 걸어가기 시작해서 여기까지 이르렀습니다.

다음은 무라카미 하루키입니다. 세월이 지나도 젊은이와 같은 싱싱함을 잃지 않고 펄쩍펄쩍 뛰는 그의 문장이 좋습니다. 하루키의 문장은 저의 마음을 흔들기에 충분했습니다.

다음은 니체입니다.

장석주 작가는 니체의 책들을 출판하기 위해서 출판사를 차렸다고 할 만큼 니체에게 매료되어 있었고 20대에는 『차라투스트라는 이렇게 말했다』를 읽으며 한치의 앞도 보이지 않던 험난한 파고를 넘을 수 있었다고 했습니다. 그래서 저도 『차라투스트라는 이렇게 말했다』를 시작으로 니체의 책을 끙끙대며 읽어보았습니다만 이해할 수는 없었습니다. 구석에 처박아 놓은 니체를 볼 때마다 마음이 편치 않아서 그의 책을 모두 가지고 왔습니다.

그다음 선택한 책은 김훈입니다. 잎과 줄기를 모두 훑어버린 앙상한 가지와 뼈대만 남은 그의 문체에 매료당했습니다. 그의 앙상한 글귀가 빽빽한 책을 한 자씩 짚어가며 읽다 보면 출렁이던 마음이 어느새 잔잔해지곤 합니다.

마지막으로 마르셀 프루스트의 열한 권짜리 『잃어버린 시간을 찾아서』를 골랐습니다.

이제 와서 무슨 잃어버린 시간을 찾을 일도 없고 찾고 싶은 생각도 없지만 이 책에는 아직 갚지 못한 빚이 남아 있습니다. 많은 사람이 프루스트를 모르면 교양인이 아니기라도 한 것처럼 그와 '잃어버린 시간'들을 언급하는 데는 필시 연유가 있을 것이라는 생각에 일독하는 욕심을 부렸지만 욕심과 이해는 다른 일입니다. 자신의 필명마저 그의 작품 속 인물에서 빌려올 정도는 되어야 "프루스트를 좋아하세요?"하고 은근한 미소를 띠며 물어볼 자격이 있지 않겠습니까?

몇 년 동안 아파트에 자신을 감금하다시피 하고 써낸 이 작품에 숨겨져 있는 의미를 다시 '찾아' 볼 생각으로 프루스트를 옮겨왔습니다.

　책장 가운데 무라카미 하루키를 앉히고 그 아래 칸에 장석주의 책을 배치했습니다. 그 옆으로 김훈과 니체와 프루스트의 『잃어버린 시간을 찾아서』를 채웠습니다. 그렇게 정리해 놓고 나니 서재의 모양이 제법 갖추어졌습니다.

　저를 독서의 길로 이끌어 준 작가와 작품들, 그들이 일러준 또 다른 길들. 장석주, 무라카미 하루키, 니체, 김훈 그리고 프루스트. 이들은 지금까지도 그랬지만 앞으로도 제가 가는 길을 비추고 인도해 줄 등불이 되리라 믿습니다. 그 등불에 의지해 비틀거리고 휘청이면서도 한 걸음씩 앞으로 나아가겠습니다.

나는 왜 하필 야구를 좋아해서

"나는 왜 하필 야구를 좋아해서 이렇게 고통받는 걸까?" 사람들의 심리를 교묘하게 파고드는 이런 역설적인 카피는 참으로 신선합니다.

이 광고를 보면서 "나는 왜 하필 독서를 좋아해서 이렇게 고통받는 걸까?"라는 생각이 듭니다. 장사가 잘될 때는 말도 탈도 없다가 장사가 안 되고 손님이 없으면 경제를 살리지 못하는 정치가들을 탓하며 언성을 높이는 장사치 같습니다. 요 며칠 사이 책을 읽다가 자꾸만 막히고 뜻을 헤아리지 못해서 끙끙대던 것들이 이런 생각으로 치닫게 했나 봅니다. 책 속에서 길을 잃는 것까지도 책을 읽는 즐거움임을 알기에는 한참이나 모자라고 멀었습니다.

수많은 사람이 명작이라고 칭송해 마지않는 『잃어버린 시간을 찾아서』를 1년에 걸쳐 겨우 읽어냈지만 그 책이 왜 명작인지는 고사하고 내용마저 헤아릴 수 없었습니다.

길게 중언부언하는 이야기가 중간에 엉뚱한 길로 벗어나는 것을 힘겹게 따라가다가 갈피를 잡지 못하고 끝내 길을 잃고 미로 속에서 헤매기 일쑤입니다. 종내에는 '잃어버린 시간 찾기'가 아니라 '잃어버린 길 찾기'가 되고 맙니다.

이 작품의 전 편을 통해 지속되는 일관된 흐름 하나를 찾으라고 하면 바로 이런 것입니다.

주인공이 잠자리에 들 때 어머니가 작별 입맞춤을 하러 오지 않았던 안타까움을 애벌레가 아래층 식탁에서 위층 방까지 기어 올라오듯 장장 49페이지를 할애하여 길게 회상하고 있습니다. 프루스트의 이러한 문장을 따라잡는 것은 끝없이 꼬이고 비틀리고 얽혀 있는 환삼덩굴의 큰 줄기와 매듭을 찾으려는 노력만큼이나 힘겹습니다.

밭 주변을 끊임없이 어지럽게 침범해 오는 환삼덩굴을 낫으로 단번에 베어 버리듯 문장을 잘라버리는 것이 가장 현명한 해결책이라는 생각이 들 정도입니다. 고르디우스의 매듭 앞에 선 알렉산드로스의 결단 같은 것이라고 해 두겠습니다.

김훈 작가라면 이렇게 늘어지고 얽히고 꼬인 문장을 '피가 강산을 물들'일 정도로 한 번에 '쓸어버'리고 한 문장으로 표현했을 것입니다. "그날 밤 어머니는 잠자리 인사를 하러 오지 않았다."라고. 그의 '버려진 섬마다' 피는 꽃처럼 무심하게.

이런 저의 생각들은 또 다른 번개 하나가 뇌를 강타할 즈음이면 기력을 잃고 쓰러지고 맙니다. 『잃어버린 시간을 찾아서』의 어느 문장을 누군가가 더 잘 쓸 수도 있을 것이다. 한데 그렇게 개선된 프루스트를 읽고 싶어 할 미친 작자를 어디에서 찾는단 말인가?" 밀란 쿤데라가 『배신당한 유언들』에서 말한 이 엄중하고 단호한 한마디 앞에서는 더 이상 어떤 대꾸도 필요하지 않습니다. 저의 무지와 미치지 못하는 대작에 대한 이해를 변명해 보려는 어리석음이 부끄러울 뿐입니다.

 이러한 곤혹스러움은 스피노자에 이르면 절정에 이릅니다. 그의 사상의 집대성이라 할 수 있는 『에티카』는 한때 이해하기 쉬운 해설서로 출판되면서 우리 독자들의 상당한 인기를 얻기도 했습니다. 『에티카』는 신, 정신, 정서, 인간의 예속, 지성 등 5부로 구성되어 있으며 각 주제에 대한 정의와 공리, 정리, 부록 등으로 엮어져 있습니다. 하나의 주제에 대해 증명과 정리를 하고 그 증명과 정리는 앞선 다른 정리를 참조하게 하였으며 그것으로도 부족하면 보충 정리하는 형식으로 짜여 있습니다.
 하나의 주제를 이해하기 위해서는 연관된 증명과 정리를 다시 읽고 보충 정리까지 이해해야 합니다. 그러다 보니 책을 다 읽고도 그가 한 말을 거의 이해할 수 없습니다.
 스피노자가 반드시 존재한다고 믿는 신의 본성과 실체, 성질에 관한 긴 증명에 나오는 그 '신'이란 이름을 '자연'이라는 단어로 바꾸면 합당하겠다는 생각 정도가 전부였습니다.
 욕심과 의욕만 앞서서 번번이 벽에 부딪히며 겪는 이러한 좌절은 감당하기 버겁습니다. 그나마 다른 사람들이 눈치채지 못하고 있으니 이 정도로 뻔뻔하게 견디고 있는지도 모릅니다.

이런 것도 한가로움에 지친 어설픈 투정이라 하겠지만 부끄럽기는 마찬가지입니다.

처음 말했던 그 프로야구 광고는 이렇게 끝납니다. "나는 왜 하필 야구를 좋아해서 이렇게 고통을 받는 걸까? ……라고 하지만, 야구를 대신할 수 있는 건 야구밖에 없다!"

그렇습니다. "야구를 대신할 수 있는 건 야구밖에 없"듯이 저에게도 독서를 대신할 수 있는 것은 독서밖에 없습니다. 때로는 이해되지 않아 좌절하고 괴로워할지라도 이것들도 제가 가는 길에 차이는 작은 돌멩이 정도로 생각하고 기꺼이 감당하려 합니다.

사람마다 이루고 싶은 목표나 하고 싶은 일이 다를 터이니 저처럼 아무짝에도 쓸모없을 법한 이런 일을 하는 사람도 한 사람쯤은 필요하지 않겠습니까?

작가 신현림이 『다시 사랑하고 싶은 날』에서 말했듯, '저마다 어울리는 즐거움'이 있는 것입니다. 자신에게 어울리는 장소가 있듯 말입니다. 씁쓸 짭짤함이 섞여 있는 이 독서가 저에게는 어울리는 즐거움입니다.

"다른 어떤 보상이 없어도 '그냥' 그 일을 한다는 것만으로 충분히 가치 있는 일이 있다." 『슬픈 세상의 기쁜 말』에 등장하는 정혜윤 작가의 말에서도 공감과 위안을 받습니다. 내일도 이해되지 않는 책을 펼치고 끙끙대고 있겠지만 말입니다.

스피노자는 자신의 사상을 다 이해하지 못하고 좌절할 저와 같은 독자들을 위해 미리 위로의 말을 마지막에 남겨 놓았습니다. "모든 고귀한 것은 힘들 뿐만 아니라 드물다."

힘들고 드물게 올 그런 고귀한 것을 위해 징징거리지 않고 뚜벅뚜벅 나아가보렵니다. 그러다 보면 가끔은 정말 가끔은 저에게도 한 줄의 작은 깨우침이 오기도 하리라 믿습니다.

멀고도 가까운 사숙 장석주

어떤 사람의 가르침을 직접 받지는 않았지만 그 사람을 자기 혼자 스승으로 삼아 따르고 배우는 것을 '사숙'이라고 합니다. 일종의 학문적 짝사랑입니다.

저에게도 그런 '사숙'이 한 사람 있습니다. 제가 '사숙'으로 삼은 분은 장석주 작가입니다.

저와 그분은 한 번도 만난 적 없고 전혀 모르는 사이이기 때문에 선생이 이런 말을 듣는다면 이게 다 무슨 뜬금없는 소리인가 의아해할 것입니다. 하지만 상관없습니다. 평생 변치 않은 선생의 독서에 대한 열정 하나만은 오로지 본받고 싶었습니다.

필화사건에 휘말린 후 서울의 출판사를 접고 안성 금광호수 옆에 '수졸재'를 짓고 책을 읽으며 불볕처럼 들끓는 마음을 다스리며 고요 속에 살던 생활은 저에게도 그런 조용한 곳에 터를 잡고 책을 읽으며 살고 싶다는 욕망을 움트게 했습니다.

그런 생활을 은밀히 꿈꿔오다가 어느 날 이 산기슭 작은 집으로 이사를 오게 되었습니다. 호수를 앞에 둔 수려한 경관까지야 쉬이 이룰 수 있는 꿈이겠습니까? 어질지 못한 저의 심성은 물보다는 산 쪽에서 더 편안함을 느끼는 것 같습니다.

 선생은 평론과 시로 등단했습니다. 지금까지 시, 소설, 에세이, 평론은 물론 공저까지 망라하여 출간한 백여 권이 넘는 작품들은 평생을 책 읽기와 글쓰기에 바쳐온 산 증언들입니다. 선생의 작품을 좋아하다 보니 선생이 출간한 책들을 모두 모아 '장석주 커넥션'으로 간직하고 싶은 욕심이 생겼습니다. 어떤 일에 관심이 있으면 점점 더 깊이 알고 싶어지는 것이 사람의 마음인가 봅니다. 선생의 초기 작품들은 절판되어 출판사나 중고 서점을 뒤져봐도 찾을 수 없었습니다. 가장 어렵게 구한 책은 초기 작품에 속하는 산문집 『11월』(1990)과 『가을』(1991)이었습니다. 올해 겨우 빛바랜 두 산문집을 구할 수 있었습니다.
 갓난쟁이 젖니 빠지듯 비어 있던 작품을 마저 채우고 나니 비로소 '장석주 컬렉션'이 완성된 느낌입니다.

그렇게 '장석주 컬렉션'이 완성되고 나서 계획했던 일을 다시 시작했습니다. 이른바 '장석주 평전'을 써 보는 일입니다. '장석주 평전'을 써보겠다고 말하면 사람들은 "장…… 석주? 그게 누군데?" 하는 의아심이 대부분이고 의외의 반응을 보이기도 합니다.

"…… 석주?", "온 식솔을 이끌고 만주로 가서 독립운동을 하셨던 그 '석주' 선생을 말하는 거야?", "그분은 석주 이상룡 선생이고" 그저 웃음으로 받아넘기면서 그들의 이해를 포기하고 맙니다. 그리 널리 알려진 작가도 아니고 특별한 업적을 남기지도 않은 사람에 대해 뜬금없는 평전이냐고 하겠지만 제가 지금까지 받은 가르침과 인도에 대한 감사의 표시 방법이라고 생각하고 오래전부터 계획하고 있던 일입니다.

먼저 책을 출간 순서대로 목록화하고 책장에 정리했습니다. 다음은 그동안 읽었던 책을 다시 한번 더 읽고 내용을 요약하고 감상을 기록하는 것입니다. 색깔이 바래고 여기저기 찢어지기 일보 직전인 책까지 조심스럽게 넘기며 다시 더듬습니다.

선생이 펴낸 첫 책은 시론 집인 『언어의 마을을 찾아서』입니다. 시와 평론으로 등단했기 때문에 시론 집을 처음 출간한 것이 아닌가 생각합니다. 초판 발행이 1979년 12월 5일이며 서울 성북구 삼선동에 주소를 두고 있는 〈도서출판 조형〉이라는 낯선 출판사에서 출판하였습니다. 시론 집임에도 불구하고 첫 장은 여덟 편의 에세이를 실어 자신이 걸어온 삶의 여정을 밝혀 놓았고 2장부터는 본격적인 시론을 펼치고 있습니다.

정현종, 황동규, 이승훈, 김수영 등 70년대를 대표하는 작가들의 작품을 호기롭게 분석하고 있습니다. 이 시인들은 이후로도 선생이 자주 언급하는 시인들이기도 합니다.

선생은 다른 저서에서 자신의 첫 시집과 이 책에 대한 자부심과 애정을 드러내기도 했습니다.

선생의 책을 다시 읽고 정리해 가면서 약력도 함께 기록하고 있습니다. 약력도 세월의 흐름과 함께 조금씩 변해갑니다. 『언어의 마을을 찾아서』(1979)에 실린 약력은 이렇습니다.

> 장석주: 충남 논산에서 태어남. 1975년 「월간문학」 신인상에 시가 당선되어 문단에 데뷔함. 1979년 조선일보 신춘문예에 시가 당선, 동시에 동아일보 신춘문예에 문학평론이 입선. 시집 「햇빛사냥」(1979), 평론으로 「존재와 초월」, 「사랑과 고뇌의 확대와 심화」, 「두 시인의 상상력의 위상」, 「70년대 시인 의식」 등이 있음. 학원강사, 무역회사 등을 거쳐서 현재는 도서 출판 고려원 편집부에 근무하고 있음

10년이면 강산도 변한다 했으니 10년 후 선생의 약력은 어떻게 변해 있는지 살펴보았습니다. 선생의 첫 책이 출간된 지 10년 후인 1989년에 출간된 시집 『어떤 길에 관한 기억』에 실린 약력은 선생이 설립한 출판사에서 출간했기 때문에 약력도 직접 썼을 터인데 작은 기억의 오류 같은 것이 더러 발견됩니다.

처음 출간한 책 『언어의 마을을 찾아서』(1979)의 표지에는 시선집이라고 명기되어 있는데 '산문집'이라고 표기되어 있다든지 제가 가지고 있는 『햇빛사냥』은 1986년에 청하출판사에서 출간한 것인데 1979년에 출간했다고 하는 부분입니다. 이 약력이 정확하다면 첫 시집 『햇빛사냥』은 1979년에 다른 출판사에서 출간했고, 그것을 1986년에 청하 출판사에서 재출간했으리라고 추측해 봅니다.

한 가지 특이한 점은 선생의 약력 중에는 학력에 대한 언급이 거의 없다는 것입니다. 고등학교를 중퇴하고 독학으로 문학을 연마했기 때문입니다. 그러한 학력 부재는 평생 따라다니던 내면의 상처가 되었겠지만 한 번도 내색하지 않았습니다. 어느 작품에선가 딱 한 번 이렇게 언급한 적이 있습니다.

사람들을 만나면 가장 먼저 무엇을 전공했고 어느 대학을 나왔느냐고 묻는다고 합니다. 그때마다 선생은 나는 독학자라고 말한다고, 그러면 상대방은 그저 말없이 미소를 띠면서 고개를 끄덕일 뿐이었다고.

지나가는 말이지만 이러한 면도 제가 선생을 사숙으로 삼은 요인 중 하나입니다. 저 역시 비슷한 경로를 거치며 성장했으니까요.

선생의 평전을 쓰고자 하는 이 작업이 언제 이루어질지 그것이 가능하기는 할지 모르지만 어떻게든 가는 데까지 가 볼 생각입니다. 저 높은 독서의 봉오리에 우뚝 서 있는 선생을 혼자 사모하고 따르고자 했던 초심을 잃지 않고 오늘도 선생의 책들을 한 권씩 다시 읽어나갑니다.

노동과 놀이 사이

　노동과 놀이의 차이점은 이렇게 정의하고 싶습니다. "돈을 받고 하면 노동이고 돈을 내고 하면 놀이다." 노동의 본질은 경제적인 이득을 취하고자 함이요 놀이의 목적은 쾌감을 얻기 위함일 터이니, 아무리 힘들어도 돈을 내고 하면 놀이가 되고 아무리 쉬운 일이라도 돈을 받고 하면 노동이 되는 것입니다. 취미생활을 위해 고가의 장비 구입에 망설이지 않고 돈을 쓰는 것도 그런 맥락입니다.

　자신의 마음을 악보로 표현하는 것이 제일 쉬운 사람은 작곡가가 될 것이요 노래로 표현하는 것을 좋아하는 사람은 음악가가 될 것이며 몸짓으로 표현하는 것이 즐기는 사람은 무용가, 그림이나 조각으로 옮기는 것을 좋아하는 사람은 미술가가 될 것입니다. 저는 책을 읽고 글로 생각을 표현하는 것을 남들보다 조금 더 좋아합니다. 그래서 저의 놀이는 책 읽기와 글쓰기입니다.

　읽기는 글만 깨치면 누구나 할 수 있지만 쓰기는 조금 다릅니다. 글쓰기의 처음은 유치원의 받아쓰기부터 시작하여 일기 쓰기로 이어집니다. 이 일기가 쓰기에 대한 고통을 알게 해준 시초가 되었다고 생각됩니다. 일기란 개인의 내밀한 기록임에도 불구하고 그것이 검사받는 숙제가 되고부터 타인의 검열과 인정을 위한 수단으로 변질되고 말았습니다. 여기서부터 글쓰기의 거부감이 시작되었다고 봅니다.

하지만 글쓰기는 의외로 장점이 많습니다. 다른 취미와 비교할 때 경제적인 측면에서 탁월한 우위를 보입니다. 아무런 자본 투입 없이도 그저 종이에 쓰거나 자판을 두드리기만 하면 됩니다. 거기다가 장소의 제약이나 편리성에서도 압도적입니다. 아무 데서나 생각나는 대로 끄적이거나 스마트폰을 꺼내서 기록하면 됩니다.

글쓰기를 좋아한다고 해서 그것이 어떤 작품이 된다든지 작가가 된다는 것은 또 다른 이야기입니다. 그럴 가능성 역시 희박합니다. 작가가 된다는 것은 뼈와 살 속에 있는 땀과 눈물, 심지어 피까지 짜내야 겨우 얻을 수 있는, 아니 그렇게 해도 얻을까 말까 싶은 과실이라고 할 수 있을 테니 말입니다. 너무 냉정하고 비관적인 말입니다만 현실이 그렇습니다.

따라서 남들보다 글쓰기를 조금 좋아한다고 해서 작가가 되려는 무모한 도전 같은 것은 애당초 하지 않는 것이 정신건강에 좋습니다. 그저 평소 썼던 글들을 모아 놓았다가 한 번씩 문장을 다듬어 보며 만족하는 것에 그쳐야 할 것입니다. 말 그대로 취미 수준의 글쓰기라고 하겠습니다.

그런데 사람의 욕심이란 게 그렇지 않은가 봅니다. 그렇게 몇 꼭지 글이 쌓이다 보면 이것을 책으로 내고 싶다는 가당찮은 욕심이 스멀스멀 올라옵니다.

요즘은 정식 등단한 사람이 아니어도 누구나 마음만 먹으면 다양한 방법으로 출판할 수 있는 환경이 조성되어 있기에 그런 엉뚱한 욕심이 생긴 것입니다. 그래서 저도 두서없고 형식도 맞지 않는 글들을 대충 다듬고 구색을 갖추어 여러 출판사로 출판 제안서를 보냈습니다. 일주일이 지나고 열흘이 되어도 소식이 없습니다. 한 달 무렵에 두어 출판사에서 자신들의 출판 의도와는 맞지 않는다는 회신이 전부였습니다.

되지도 않는 글 나부랭이를 가지고 책을 내려고 달려든 것은 출판이라는 것을 너무 쉽고 만만히 본 것이었습니다. 그런데도 책을 내겠다고 먹은 마음이 쉽게 포기가 되지 않았습니다.

첫 책을 내는 사람이 제일 피해야 할 방법이 자비출판이라고 하지만 저의 민망한 글을 출판해 줄 출판사를 찾는 것은 로또 맞는 것보다 어렵다는 것을 알기 때문에 어쩔 수 없이 자비출판을 선택했습니다. 이러나저러나 출판만 하면 똑같은 책 아니겠느냐는 마음이었습니다. 책을 출판해서 돈을 벌고 싶은 생각이 아니라 제 이름으로 된 책을 한 권 갖고 싶었을 뿐입니다.

출판과 광고에 드는 비용과 인세 등을 비교해 보고 제일 좋다 싶은 출판사와 계약했습니다.

출판사의 편집자와 길고 긴 편집과 교정의 싸움이 시작되었습니다. 몇 개월 동안 편집자와 씨름한 끝에 한 권의 책을 손에 쥐게 되었습니다. 책이 출간되기 전에는 제 이름으로 된 책이 나오면 얼마나 기쁠까 상상의 나래를 펴기도 했는데 막상 책이 제 손에 쥐어졌을 때는 무덤덤했습니다. 그래도 기쁘기는 기뻤습니다. 그 기쁨이 '아, 내 책이 나왔구나'하는 정도였을 뿐이긴 했지만.

어느 날 출판사 사장님으로부터 전화가 한 통 왔습니다. 제 책이 2017년 하반기 '세종도서'에 선정되었다고, 축하한다고. 무슨 말인지도 모르고 얼떨결에 감사하다고 말하고 끊었습니다.

문화체육관광부에서 주관했던 '올해의 도서'를 한국출판문화진흥원에서 주관하여 '세종도서'로 이름을 바꾸고 그해 출간된 도서를 분야별로 심사해서 '세종도서'를 선정, 출판 비용을 지원하고 전국 공공도서관에 배포해 주는 제도였습니다. 제 책이 그런 권위 있는 프로그램에 선정된 것이 처음 책이 출간되었을 때보다 더 기뻤습니다.

책이 나오고 나서의 후유증은 전혀 다른 모습으로 엄습해 왔습니다. 책이 나온 후 한동안은 글을 쓸 수 없었습니다. 아무리 애써봐도 정말 단 한 줄도 쓸 수가 없었습니다. 하루아침에 쓰는 기능이 퇴화해 버린 느낌마저 들었습니다. 그동안 책을 펴낸답시고 제가 가진 힘을 모두 소진해 버렸기 때문이었습니다. 6년 근 인삼을 한 번 재배하고 난 밭은 모든 지력을 인삼에 빼앗겨서 다른 작물을 재배할 수 없을 정도로 척박한 땅이 되어 버리는 것과 같다고나 할까요. 저 역시 그동안 가지고 있던 기력을 다 쏟아버려서 빈껍데기만 남은 몸이 되었던 것입니다.

다시 기력을 회복하는 것이 시급했습니다. 책을 읽어서 텅 빈 몸과 마음을 채우는 수밖에 없었습니다. 그래서 속된 말로 밥만 먹고 숨만 쉬고 책만 읽다시피 했던 예전의 생활로 다시 돌아가기로 했습니다. 그렇게 2년 가까이 책을 읽고 나니 그제야 팽팽하던 마음이 조금 느슨해졌습니다. 다시 조심스럽게 몇 줄씩 글을 쓰기 시작했습니다. 이제는 한꺼번에 몰아 쓰지 않고 생각날 때마다 조금씩 쓰고 있습니다.

한꺼번에 모든 것을 쏟아부어 버리고 나면 다시 일어설 기력을 되찾지 못할까 걱정도 되고.

한여름 염전에 소금이 오듯 그렇게 천천히 쉬엄쉬엄 책을 읽으며 길가의 잡초 한 포기에 눈길도 주면서, 놀이가 노동이 되지 않도록 조심하며 즐기다 보면 문득 문장 하나가 오기도 할 터입니다.

선비 정신을 파괴하라

독서라는 행위가 돈도 밥도 되지 않는 백해무익한 일이라는 생각은 이미 통설로 굳어진 지 오래고, 설령 독서에 어떤 특별한 효험이 있다는 일부의 증언을 채택한다 해도 그것은 물질적으로 환산할 수 없는 심리적인 효과 정도에 지나지 않는다는 것이 대부분의 견해입니다.

이런 생각에 수긍하면서도 한편으로는 백해무익하다시피 한 이런 일에 빠져들었던 역사 속 인물들의 발자취를 통해 독서의 필요성과 정당성을 확인하고 싶은 반발 심리가 일기도 합니다.

독서계의 역사에서 가장 많이 등장하는 인물은 자칭 책벌레라고 칭한 조선 정조 치세의 박제가입니다. 박제가와 더불어 김득신도 책 읽기 하면 빠지지 않고 등장하는 인물이며 박제가의 선비적 책 읽기와도 자웅을 겨룰 만합니다.

학문을 연구하는 선비라 함은, 책을 읽으며 학문을 논하는 일 외에는 절대 한눈을 팔지 말아야 하는 것이 조선의 통치 이념인 유교 사관에도 부합하는 행동입니다. 이것은 조선 선비가 기본적으로 갖추어야 할 덕목이기도 했습니다. 집안 잡사에나 신경 쓰는 사람이 어찌 진정한 선비라 할 수 있겠으며 사회와 국가를 다스리고 세계 평화를 논할 수 있겠습니까?

이러한 면에서 박제가는 완벽한 모델이었으며 이른바 조선 선비의 표상으로도 한 점 부끄럼 없었습니다. 그는 책 읽는 일 외 세상의 모든 것을 초월했습니다.

집안의 쌀독이 차 있는지 비어 있는지는 애당초 생각하지 않았습니다. 집안에 쌀독이 있는지 자체를 몰랐으니까요. 쌀을, 아니 집에 쌀은 없고 보리쌀 정도만 있었던 모양인데 부인이 일하러 나가면서 보리쌀을 마당에 널어놓고서 비가 오면 들여놓으라고 신신당부하고 나가지만 소나기에 보리쌀이 흠뻑 젖고 떠내려가도 박제가는 눈 하나 깜빡하지 않고 방안에서 책 속에 빠져있던 의연한 선비였습니다.

곤궁한 살림 중에도 공자의 가르침은 꼬박꼬박 잘 따르는 선비인지라 먼 곳의 벗들을 초대해 읽었던 책들의 감상을 술잔에 담아 함께 나누는 여흥도 마다하지 않았습니다. 그 벗들의 이름을 삼베에다 새기게 할 정도로 기쁨이 컸던 것을 보면 정녕 그분은 조선 선비의 모범이라 하겠습니다. 베를 짜서 벗들의 이름을 새기는 일은 당연히 부인의 몫이었고 선비는 벗의 이름을 새긴 그 베를 보면서 기쁘게 즐기면 그만이었습니다.

이뿐 아닙니다. 선비라 함은 자고로 집안의 사소한 일에는 신경 쓰면

안 된다고 하였으니 이 또한 박제가가 온몸으로 실천하였음은 많은 역사적 증언과 기록을 통해서 알 수 있습니다.

  한겨울 갈라진 벽 틈으로 찬바람이 들어와 손발이 얼 지경이었지만 벽을 수리하기보다는 그 벽에 책을 세워 바람을 막으며 읽는 불굴의 선비였음은 이미 우리도 잘 알고 있는 바입니다. 이러한 투철한 선비 정신으로 무장한 그였기에 자칭 책벌레라는 아호를 지어 평생을 책 읽기라는 사명을 위해 헌신했고 그로 인해 역사서의 곳곳에 당당히 이름을 올려놓는 쾌거를 이루기도 했습니다. 사소한 사실 한 가지, 박제가가 지금 제가 사는 양평 현감으로 재직한 적도 있었다네요. 그때의 양평은 과연 어떠했을지.

  독서가로 이름을 날리던 또 다른 선비 김득신도 이런 면에서는 만만치 않았습니다.

  김득신은 조선조에서 책을 가장 많이, 그리고 열심히 읽은 지식인으로 꼽힙니다. 여러 선비가 인정할 뿐 아니라 스스로도 자부하였습니다. 『사기』, 『한서』, 『한유문집』 같은 책들은 만여 번을 읽었고, 『백이전』은 일억 일만 삼천 번을 읽었다는 그는 서재 이름을 억만재(億萬齋)라고 지을 정도로 자부심에 차 있었습니다. 팔도에 흉년이 들고 전염병이 돌아서 굶어 죽은 시체가 전국에 깔렸는데도 그 억만재 안에서 책 읽기에 몰두하며 희희낙락하였습니다.

  다른 사람들이 그에게 "금년에 죽은 사람과 자네가 읽은 책 중에 어느 것이 더 많은가?"하고 물으며 그의 세상사를 외면한 독서를 조롱할 정도였다고 하니 이만하면 박제가와 몇 합을 겨루어도 손색이 없을 것입니다.

  그분들의 전기를 처음 접할 때는 존경의 마음으로 우러러보았습니다.
  온 마음을 바쳐 책 읽는 일에 매진해 보겠다는 의지를 조금씩 키운 것도 그분들의 행적에서 영향을 받았습니다. 하지만 저는 어쩔 수 없이 현실을 먹고 사는 사람입니다. 매일 출근하여 일하고 그 월급으로 가족들이 먹고살아야 하는 평범에도 못 미치는 도돌이표 직장인.
  제가 만일 박제가나 김득신 같은 독서가가 되려면 어떻게 해야 할까요? 이런 질문에 부딪히면 책에 대한 사랑과 열정으로 평생 책에 파묻혀 살아온 그들의 생활 방식은 또 다른 의문으로 다가옵니다. 당장의 호구지책도 없는 현실을 외면한 채 책에만 매달리는 것은 구름 위를 두둥실 떠도는 아름다운 꿈에 다름 아닙니다. 그러한 이유 때문에 저의 '오로지 독서'를 위한 생활이 늦어졌는지도 모릅니다. 가장으로서 마땅히 져야 할 책임을 외면할 수 없었고 이 생활을 지속하기 위한 최소한의 경제적 대책을 염두에 두지 않을 수 없었습니다. 그러한 고민은 도시를 떠나고자 하던 열망을 멈칫거리게 했습니다.

  두 독서 대가의 '현실을 잊은' 책 사랑은 저에게 반면교사입니다. 역사는 반복되는 것이듯 한 사람의 삶은 후세대의 다른 사람에게 도돌이표로 나타날 수도 있습니다.

그들이 가졌던 책에 대한 열정은 본받되 생활인으로서 책임을 망각한 지나침은 경계해야 한다는 사실은 시대를 넘어서는 보편적인 경종입니다. 그러한 선비 정신은 마땅히 파괴되어야 합니다.

창밖 하늘이 흐릿해지며 먹구름이 몰려오는 것을 보니 소나기가 오려나 봅니다. 부리나케 마당으로 나가 널어놓은 붉은 고추를 주섬주섬 담아서 처마 안으로 들입니다.

쓰지 못한 날의 문장

 읽고 있던 책을 휙 집어던지고 맙니다. 오늘도 결국 시작하지 못했구나, 하는 무력감이 밀려옵니다. 단어 하나, 문장 하나를 쓰는 것이 뭐가 그리 어려운 일이라고 매일 매일을 '내일 또 내일' 하면서 김수철처럼 보내고 있습니다.

 누가 억지로 떠밀어서도 아니고 저 혼자 잘 다니던 철밥통 같은 직장을 때려치우고 외진 산기슭으로 들어와 놓고는 이제 와서 이런저런 핑계를 대면서 하루하루를 무기력하게 보내고 있습니다. 이럴 거면 차라리 다니던 직장이나 잘 다닐 일이지 여러 사람 번거롭게 만들고 여기저기 소문만 무성하게 피워놓고 이 무슨 경우 없는 짓이란 말입니까. 그러면서도 안부를 묻는 지인들에게는 열심히 읽고 쓰고 있노라고 천연덕스럽게 말하는 염치없는 짓도 마다하지 않습니다.

 어떤 사람은 말합니다. 세상에서 제일 쉬운 것이 야구라고. 투수가 공을 던지면 타자는 어깨에 힘을 빼고 톡, 하고 치고 야수는 그 공을 받아서 1루도 가볍게 던진다, 끝. 이보다 더 쉬운 운동이 어디 있느냐고.

그에 비하면 글 쓰는 일은 쉽고 말고 할 것도 없는 너무도 단순한 일입니다. 컴퓨터를 켜고 마음속에 떠오르는 말을 자판으로 치기만 하면 됩니다.

남들에게는 이렇게 말합니다. 어렵게 생각하지 말고 멋있게 쓰려고도 하지 말고 일기 쓰듯 쉽고 단순하게 생각해야 한다. 지금 하는 말을 그대로 종이에 옮기면 그것이 곧 글이 된다고.

참으로 지당한 말입니다. 남들에게는 그렇게 말하면서도 정작 본인은 그 쉽고 간단한 것을 실천하지 못하고 매일매일 고민만 하고 있으니. 일기 하나 쓰는 것이 뭐 그리 어려운 일이라고.

글을 시작하지 못하는 것은 자기검열을 동반한 두려움 때문입니다. 아무짝에도 쓸모없는 쓰레기 같은 글이 될 것이라는 두려움, 몇 자 쓰더라도 끝내는 좋은 글이 나오지 못할 것이라는 두려움, 거기다가 사람들의 혹평이나 무관심에 대한 두려움까지 겹쳐서 아예 시작도 못 하는 것입니다.

이 또한 터무니없는 핑계입니다. 처음 글을 쓰기로 생각했던 그때의 마음으로 돌아가야 합니다. 전업 작가나 베스트셀러 작가를 꿈꾸었던 것도 아니었습니다. 글들이 비록 수준에 미치지 못하고 어떤 평가도 받지 못한 채 무관심 속에 묻혀버리고 말더라도 그뿐, 생각에 움을 틔우고 키워서 그것을 세상에 내보낸다면 그것으로 만족하겠다는 마음이었습니다.

자기가 전문 작가라도 되는 양, 세상 사람들의 평가를 받지 못하면 큰 실패자라도 되는 양 그렇게 자기의 실력을 높게 평가하고 높은 곳만 바라보는 데서 이런 사태가 벌어진 것입니다.

좀 더 냉정해져야 합니다. 그리고 현실을 똑바로 봐야 합니다. 정식으로 등단한 작가도 아니고 글의 수준도 고만고만한 정도라는 사실을 잊지 말아야 합니다.

그저 자기만족을 위해 끄적대는, 글쓰기를 다른 사람들보다 조금 좋아하는 사람에 지나지 않는다는 사실을 항시 기억해야 합니다. 그동안 이런 현실과 위치를 망각하고 있었습니다. 지금이라도 본인의 현 위치를 깨달았으니 불행 중 다행입니다.

이제 글쓰기 운전을 위한 준비는 충분히 마쳤고 시동도 걸어놓은 상태입니다. 브레이크에서 발을 떼고 출발만 하면 됩니다. 출발하고 나면 어떻게든 굴러갈 것이고 무슨 일이든 벌어질 것입니다. 목적지가 어딘지 얼마나 걸릴지는 더 이상 중요하지 않습니다. 일단 출발해야 도착도 할 수 있을 테니까요.

불안하고 두렵다고 언제까지나 브레이크에서 발을 떼지 못하고 시동만 켜 놓은 채 붕붕거리고 있을 수만은 없습니다. 속된 말로 죽이 되던 밥이 되던 출발해 보는 것입니다. 가다가 접촉 사고가 나면 과감히 보험 처리를 하고 또다시 앞으로 나가 보는 겁니다. 그렇게 부딪히고 깨지고 비틀거리며 가다 보면 조금씩 익숙해지지 않겠습니까? 자신을 믿어보는 겁니다. 그 누구도 아닌 스스로를.

 멋있는 문장이 아니어도, 어떤 말이라도 상관없습니다. 그때그때 떠오르는 말들을 그저 쓰기만 하면 됩니다. 그러다가 더 이상 떠오르는 말이 없으면 머리를 쥐어짜지 말고 컴퓨터를 끄고 밖으로 나가 산책하거나 정원에 무성한 잡초를 뽑기도 하고 하다못해 텃밭에 물이라도 주면 됩니다.

 이런 후회와 두려움에 대한 책망과 다짐은 처음도 아니고 새삼스러운 일도 아닙니다. 며칠 간은 이렇게 다잡은 마음으로 조금씩 쓰다가 또 얼마 지나지 않으면 슬며시 뱀의 유혹과 같은 또 다른 망설임과 두려움으로 좌절할 것이 뻔합니다. 그렇다고 해도 어쩌겠습니까, 저란 인간이 그렇게 약해 빠진 사람인 것을. 그럴 때는 오늘처럼 또 한 번의 채찍질로 책상 앞으로 몰아세워 다시 글을 쓰게 만드는 수밖에. 그렇게 반복하고 그러다 멈추고 또 시작하고. 일기를 쓰듯 자판을 탁. 탁. 탁. 그리고 더 이상 떠오르는 말이 없으면 오늘 작업 끝.

『위대한 개츠비』는 왜 위대한 것일까?

그래서 세 번을 읽었습니다.

무라카미 하루키가 "『위대한 개츠비』를 세 번 읽은 사람이면 나와 친구가 될 수 있다."고 한 말을 듣고. 물론 이 말은 하루키가 『상실의 시대』에서 주인공인 와타나베의 기숙사 선배인 나가사와의 입을 빌어서 한 말입니다.

하루키의 이 말은 중의적인 의미로 받아들여야 합니다. 그가 피츠제럴드의 소설을 그 정도로 좋아했고, 세 번을 읽어봐야 할 정도로 이 책이 재미가 있다는 말일 것입니다.

등산을 좋아하지만 한 번 올라간 산을 다시 오르는 것은 저의 스타일이 아닙니다. 세상에 올라야 할 산이 엄청나게 많기에 그것은 시간 낭비로 느껴졌습니다.

저의 독서 습관도 그와 크게 다르지 않았습니다. 책을 더 많이 읽어야 심연 같은 무지가 조금이라도 빨리 채워지기라도 할 것처럼 허겁지겁 읽기에 바빴습니다.

하지만 이 책은 세 번 읽었습니다. 그렇게 하고 나면 하루키와 조금 더 친해질 것만 같아서. 와타나베가 그 책을 세 번 읽고 나가사와 친구가 되었던 것처럼.

이 작품은 피츠제럴드의 자전적 소설이라고 할 수 있습니다.
가난하다는 이유로 첫사랑의 여인에게 버림받았으나 소설가로 명성을 얻고 나서 다시 그녀와 결혼했던 작가의 삶이 곳곳에 여운처럼 스며 있습니다. 수단과 방법을 가리지 않고 부를 쌓아서 가난 때문에 버림받았던 첫사랑을 다시 찾기 위해 좌충우돌하는 개츠비의 행동은 같은 남자로서 연민이 느껴졌습니다. 연인에 대한 깊고 순수한 마음 때문이라고 생각하기로 했습니다. 그렇게 해야만 그의 행동들을 조금이라도 이해할 수 있을 것 같았습니다. 그렇다고 해도 세 번을 읽어야 할 만큼의 뛰어난 작품이었는지는 여전히 의문이었습니다. 역시 취향의 차이일까요, 아니면 저의 얕은 심미안을 의심해야 할까요.

그렇게 『위대한 개츠비』를 다시 읽으면서 오래전 독서 모임에서 누군가 툭 던진 질문이 떠오릅니다. 제목이 『위대한 개츠비』인데 왜 개츠비가 위대한 것이냐고. 피츠제럴드는 왜 개츠비를 위대하다고 했을까? 자신의 분신이어서?

많은 전문가는 개츠비의 위대함을 이렇게 말합니다.
꿈과 환상을 간직하고 그것을 성취하기 위하여 온갖 희생을 무릅쓴다는 점에서 위대하다고.

역시 전문가다운 전형적인 해석입니다. 조금 공감되기는 하지만 평범

하고 무난한 모범 답안 같은 말로는 마음속에 찌꺼기를 말끔히 씻어내지 못합니다. 분명 또 다른 무엇이 있을 텐데? 그렇게 의문을 풀지 못하고 있다가 책 내용 중의 이런 장면이 확대되어 옵니다.

"그녀의 목소리에는 돈으로 가득 차 있어요." 갑자기 그가 말했다. 바로 그것이었다. 전에는 그걸 미처 깨닫지 못했다. 데이지의 목소리는 돈으로 가득 차 있었다.
- F.S. 피츠제럴드, 『위대한 개츠비』 중에서

데이지는 부유한 집안에서 자랐기 때문에 가난을 견디며 사랑만 먹고 살 수는 없는 여인이었습니다. 사랑했던 가난한 개츠비를 버리고 지금의 남편과 결혼한 것도 그 때문이었습니다. 그런 그녀 앞에, 그가 사랑했던 가난한 장교가 엄청난 부자가 되어 다시 나타났습니다.

그녀에게는 사람들이 쑥덕거리는 개츠비의 불투명한 행적이나 밀주나 도박으로 의심되는 부의 출처 따위는 아무 문제가 되지 않았습니다. 오직 호화로운 저택과 요트, 날마다 밤을 새워가며 뉴욕의 유명 인사들을 불러 모아 화려한 파티를 여는 개츠비의 엄청난 재산이 보일 뿐이었습니다. 정부와 놀아나는 남편과 헤어지지도 못하고 있는 하얀 궁전 속의 공주님이 꿈꾸었던 환상을 지금 개츠비가 실현시켜 주려고 하는 것입니다.

그러니 데이지에게 개츠비는 얼마나 위대해 보였겠습니까? 그렇게 해서 개츠비는 '위대한' 사람이 되었던 것입니다. 데이지에게.

사실 데이지에게 위대한 사람이 굳이 개츠비일 필요는 없었습니다. 그가 캐러웨이라도 좋고 도박사인 울프심이어도 상관없었습니다. 그의 환상과 허영심을 채워줄 사람이면 그 누구라도.

그녀의 화려한 환상을 실현해 줄 상대가 우연히 개츠비였을 뿐.

역시 관점의 차이였습니다. 저의 이런 생각이 피츠제럴드의 의도와는 다를 수도 있지만 작품의 감상과 해석은 읽는 사람의 판단 문제입니다. 이것은 수학 문제가 아닙니다.

그렇게 『위대한 개츠비』를 세 번을 읽고 나서야 개츠비의 위대함을 찾을 수 있었습니다.

오래전에 그 질문을 했던 분은 과연 지금 어떤 답을 찾았을까요?

많은 독자들은 개츠비가 죽은 후 조화 하나 보내지 않고 남편과 함께 잠적해 버린 데이지를 비난합니다. 그 역시 이러한 관점에서 본다면 충분히 이해가 갑니다. 그 행동의 정당성과는 상관없이. 날개가 떨어지고 아우라가 사라져 버린 채 추락한 천사는 더 이상 아무 소용이 없으니까요.

그것을 배신이라고 욕해도 어쩔 수 없습니다. 정승의 개가 죽으면 조문을 가지만 정승이 죽으면 안 간다는 말을 데이지는 이미 알고 있었던 것입니다. 이런 비유가 너무 냉혹한가요?

젊은 수컷에게 쫓겨 우두머리 자리를 내주고 꼬리를 축 늘어뜨린 채 무리의 변두리에서 겨우 목숨을 연명하고 있는 늙고 초라한 수컷에게 눈길을 줄 암컷은 어디에도 없습니다. 데이지는 그런 비정한 생존방식을 아무 가식 없이 실천한 표본적 인물일 따름입니다.

 이제 우리도 인정해야 합니다. 그것을 인정해 버리면 생존 욕구에만 충실한 동물로 떨어질 것 같아 두렵겠지만 그것이야말로 인간을 포함한 모든 생태계가 유지되는 본질이라는 것을 냉정히 돌아볼 필요가 있습니다.

 그러면 데이지의 뒷모습에서 우리는 또 다른 진실을 발견하게 될 것입니다.

열정의 화신 안나 카레니나

"행복한 가정은 모두 비슷한 이유로 행복하고, 불행한 가정은 각기 다른 이유로 불행하다."

『안나 카레니나』를 떠올릴 때면 가장 먼저 생각나는 문장입니다.

이 책의 첫 문장이기도 합니다. 이 문장이 사실상 『안나 카레니나』의 모든 것을 함축적으로 말해준다고 할 수도 있습니다.

다른 책을 읽다가 『안나 카레니나』의 첫 문장을 발견하고서도 책의 내용이 생각나지 않아 적잖이 당황했습니다. 제 기억의 용량이 점점 줄어들고 있는 까닭일 겁니다. 책장을 뒤져보니 그곳에는 보란 듯이 상, 하권으로 된 두 권의 『안나 카레니나』가 떡 버티고 있었습니다. 책은 저의 기억만큼이나 조금씩 낡아가고 있었습니다.

망각의 저편으로 건너가고 있는 안나를 어떻게든 붙잡기 위해 다시 한번 『안나 카레니나』를 읽었습니다. 최신판으로 읽을까 하다가 처음 읽었던 판본으로 다시 읽기로 했습니다.

이번에는 그냥 읽은 것이 아니라 이 방대한 작품의 인물들과 관계도를 그리고 내용도 간략하게 메모해 가면서 읽었습니다. 다시는 내용이 떠오르지 않는 처참한 경험을 하고 싶지 않다는 나름대로 결연한 마음새김 같은 것이었습니다.

『안나 카레니나』의 첫 문장은 저를 항상 혼란스럽게 만들었습니다. 그래서인지 저는 그것을 톨스토이와는 반대로 기억하고 있었습니다.
"행복한 가정은 각기 다른 이유로 행복하고 불행한 가정은 비슷한 이유로 불행하다."라고. 그런데 이번에 『안나 카레니나』를 다시 읽고 나서야 비로소 톨스토이가 첫 문장에서 그렇게 말한 의미를 조금은 알 것 같았습니다. 톨스토이가 말한 행복한 가정은 우리가 일반적으로 생각하는 가정이 아니라 신에게 의지하고 신의 말씀에 따르는 생활을 말하는 것으로 이해되었습니다. 그러한 생활이 유일한 행복의 조건이라는 말일 겁니다. 불행한 가정은 그와는 반대되는 모습이겠죠. 첫 문장을 이렇게 이해하고 나니 비로소 모든 내용이 같은 뿌리에서 뻗어나간 다른 줄기처럼 한결 쉽게 다가왔습니다.

사랑이라는 열망 하나로 브론스키와 불륜에 빠진 안나와 화려한 사교계를 떠나 시골 영지에서 농민들과 생활하며 직접 농업을 경영하는 레빈을 큰 축으로 하는 서사시의 모습이 한눈에 보입니다. 톨스토이의 화신이기도 한 레빈의 신념과 이상은 톨스토이 자신이 추구하고자 하던 바를 투영하고 있습니다. 톨스토이는 자신이 지향하던 바를 소설 속의 누군가를 통해서 말하고 싶었을 것이고 그것을 실현해 주는 인물이 레빈이었습니다.

  이에 비해 사랑이라는 열정 하나에 모든 것을 바친 안나를 통해서는 불행한 가정이 가진 또 다른 이유를 말하고 싶었을 것입니다. 신의 의지에 반하고 인간의 열정과 욕망에 빠져 살아가는 사람들에 대한 경고의 의미 정도라고나 할까요?

  하지만 신을 향한 믿음을 모든 생활의 토대로 삼는 것이 건강하고 경건한 삶이라는 톨스토이의 신념에 동의하지는 못합니다. 저는 신에 대한 믿음은 고사하고 신의 존재 자체를 부정하는 사람에 가깝습니다. 그러나 다른 사람들이 종교를 갖는 것을 반대하지는 않습니다. 종교가 때로는 삶에 긍정적인 측면이 있다는 것을 거부하지도 않고요. 다만 모든 삶을 신에게 의지하고 그 신의 말씀에만 매달린다는 것에는 상당한 반감을 갖습니다.

  자기 삶의 주인은 자신이며 자신의 의지와 신념으로 살아야지 왜 신이라는 절대자를 상정하여 그가 원하는 대로 살아가야 하는지에는 알레르기에 가까운 거부감을 보이기도 합니다.

  『안나 카레니나』를 다시 읽으면서 이해한 내용들이 저와는 맞지 않는 부분도 있었지만 이 다시 읽기를 통해서 톨스토이가 주장하고 싶었던 신념들을 조금 더 이해할 수 있는 계기는 되었습니다. 이해하는 것과 수긍하고 받아들이는 것이 별개라는 사실을 또 한 번 확인하기도 했습니다.

  톨스토이는 『전쟁과 평화』, 『부활』과 더불어 3대 걸작이라는 이 작품을 기점으로 그동안의 서사에서 벗어나 종교적으로 깊게 성찰하고 농민들의 삶을 개선하고 각성시키기는 방향으로 전환하고 있습니다. 귀족으로 태어나 평생 자기 영지에서 생활했던 톨스토이가 지향했던 신에 대한 귀의와 농민들의 비참한 삶을 개선해 나가고자 했던 노력은 이후 '톨스토이즘'으로 불리며 많은 사람의 열광을 끌어내기도 했습니다.

『안나 카레니나』를 덮으면서 저는 안나의 선택이 오히려 부러웠습니다. 귀족의 화려한 삶, 부러울 것 없는 남편과 아들, 그 외의 모든 생활을 버리고 오직 사랑을 위해 브론스키를 택한 열정, 그것이 부러웠습니다.

과연 저라면 브론스키와 같은 백마를 탄 멋진 왕자가 나타난다고 해도 그 백마 위에 모든 것을 버리고 미련 없이 뒤도 돌아보지도 않고 타고 떠날 수 있을 것인지.

그런 사람이 나타날 리도 없지만 만일 나타난다고 해도 그런 선택은 못 할 것 같습니다. 망설이고 망설이며 또 주저하고 계산하고 돌아보고 쭈뼛거리고 한참을 생각하다가 결국은 다시 현재의 생활로 돌아오겠죠. 평범한 일상, 반복되는 생활, 특별한 재미와 흥분도 없이 그저 그런 삶, 하지만 그곳이 제가 있어야 할 곳임을 다시 한번 처절히 깨닫게 될 것입니다.

당신이 안나와 같은 처지가 된다면 과연 당신은 어떤 선택을 하시겠습니까?

시골노트

책 읽기의 즐거움과 여유

"책이 가득 꽂힌 책장만 봐도 마음이 넉넉해집니다. 눈이 펑펑 내리는 바깥 풍경을 바라보며 책을 읽는 것도 겨울의 또 다른 즐거움입니다."

"때로는 휴식도 필요합니다. 살랑살랑 그늘 바람이 부는 평상에 앉아 새소리를 들으며 빨간 수박 한 조각을 베어먹는 여유는 어떨까요?"

제4장

기억은 언제나
소리로 돌아온다

기억은 다양한 모습으로 의식의 깊은 곳에 저장됩니다.
여행과 음악과 스포츠의 소리와 맛은 삶의 감미로움을
더해주는 조미료입니다.

나갈 때는 순두부찌개
들어올 때는 김치찌개

출국 수속을 모두 마치고 면세 구역으로 들어서면 비로소 마음의 여유를 조금 찾습니다.

그리고는 당연하다는 듯 식당으로 달려가 순두부찌개를 먹습니다. 처음 해외여행을 할 무렵, 밖에 나가면 한국 음식을 못 먹을 테니 미리 한 끼라도 먹어두는 게 좋다는 이야기를 듣고 공항 면세 구역 식당에서 처음 시킨 음식이 순두부찌개였습니다. 메뉴 중에서 그나마 눈에 익은 음식이 순두부찌개였을 것입니다. 그때 먹었던 순두부찌개가 입에 맞았던지 그 후부터는 해외로 나갈 때마다 공항에서 순두부찌개를 먹는 것이 정해진 순서처럼 되었습니다.

공항에서 짐을 부치고 출국 심사를 마치고 마지막으로 면세 구역 식당에서 순두부찌개를 먹어야 출국 절차를 모두 마친 느낌이 듭니다. 그렇게 순두부찌개를 먹고 있노라면 뭔가 콕콕 찌르는 느낌이 몸 안쪽으로 은은히 퍼지면서 몸과 마음을 해외여행 모드로 전환하게 됩니다. 일정이 촉박해서 식사를 못 하는 일이 생기면 어딘지 모르게 허전하고 뭔가 한 가지를 빠뜨린 느낌이 들 정도입니다.

　순두부찌개와 함께 여행이 시작된다고 하면 여행의 마무리는 김치찌개입니다.
　닷새에서 길게는 열흘 정도 여행을 하다 보면 대부분 호텔 뷔페식이나 현지 음식을 먹을 수밖에 없습니다. 몇 끼만 먹고 나면 금시 물려서 김치가 생각나는 것은 어쩔 수 없습니다.

여행을 마치고 인천공항에 도착하면 닝닝하고 거북하기 이를 데 없는 속을 무언가 칼칼한 음식으로 달래고 싶은 마음이 꿀떡 같습니다. 짐을 찾자마자 이것저것 생각할 겨를도 없이 식당으로 직행합니다. 김치찌개와 공깃밥을 시켜서 허겁지겁 먹고 나면 그제야 메슥거리던 속이 조금 달래지면서 살 것 같습니다.

나갈 때 순두부찌개를 먹으며 몸과 마음을 여행 모드로 전환했던 것처럼 들어올 때는 김치찌개를 먹으면서 다시 일상으로 돌아갈 준비를 하는 셈입니다.

그래서 저의 여행은 "나갈 때는 순두부찌개, 들어올 때는 김치찌개"입니다.

여행사에서 판매하는 패키지 상품들은 나라마다 비슷하지만 유럽 상품은 특히 더 그렇습니다.

성당, 박물관, 미술관, 왕궁.

이런 데를 굳이 뭣 하러 큰돈 들여가며 가는지 모르겠다고 말하는 사람이 있을 정도입니다.

여행사 상품을 유심히 살펴보니 정말 그런 느낌도 듭니다. 나라와 장소만 바뀔 뿐 방문하는 장소는 늘 성당, 박물관, 미술관 그리고 왕궁이었다고 해도 과언이 아닙니다. 일행 중 한 분은 이번 여행이 성지 순례하는 느낌이라고 합니다. 그런 여정에 곤혹스러워하던 그분과는 달리 유럽의 역사와 문화를 직접 보고 싶다는 호기심이 저를 유럽으로 떠나게 했습니다.

  지금은 비록 미국 패권 시대가 도래했지만 과거 세계사의 주류를 형성해 온 것이 유럽 강대국이었음은 부인할 수 없는 사실입니다. 한때 세계를 제패하다시피 했던 그들의 원동력이 무엇이었는지를 이번 여행을 통해 확인할 수야 없겠지만 그 흔적 정도는 엿볼 수 있지 않을까 생각했습니다.

  저의 이런 생각이, 수많은 오리엔탈리즘적 주장에 동조하거나 이해한다는 말은 아닙니다. 그렇다고 동양의 문화가 더 우월하다는 국수주의적인 사고 역시 받아들일 수 없습니다. 다만, 고대 문명의 흐름이 아프리카를 시작으로 서쪽에서 동쪽으로 전해져 왔다는 재레드 다이아몬드의 실증적 주장 정도는 일부 수긍할 수 있을 것 같습니다.

  한때는 유럽의 두 나라가 세계 패권을 차지하기 위해 싸우는 것을 보다 못한 교황이 아예 지구상의 경도 어디를 기준으로 양분해서 세계를 두 나라에 나누어 주었다는 농담과 같은 웃지 못할 사실이 농담이 아니라는 사실에 더 웃을 수밖에 없기도 했지만. 그 기준으로 보면 우리나라 성종 치세의 조선은 국왕이나 백성들의 의사와는 전혀 무관하게, 그 누구도 알지 못한 채 스페인의 식민지로 전락하고 말았던 셈입니다.

  유럽이 그리스도교 중심 문화라는 것은 이미 상식입니다. 그런데 많은 나라에서 그리스도교와 이슬람 문화의 혼종을 어렵지 않게 볼 수 있습니다. 한때 스페인과 포르투갈이 전 세계를 양분하여 지배했던 것과는 별개로 유럽 역사는 그리스도교와 이슬람교 세력들이 함께 지배해온 역사라고 할 수도 있습니다. 그리스도교의 우세함이 느껴지나 싶으면 어느새 이슬람교의 지배력을 보게 되는 혼란스러운 느낌을 받기도 합니다. 때로는 극단적인 배척으로 또 어느 때는 관용과 포용으로 이어져 온 이 두 흐름이 역사의 큰 물줄기를 형성해 왔음을 엿볼 수 있습니다. 그런 면에서 본다면 지금도 세계 곳곳에서 극단적으로 대립하고 있는 두 문화의 갈등을 먼 후일 돌아보면 이 역시 역사를 이끌어간 또 다른 흐름으로 기록될 수도 있겠다는 생각을 해 봅니다. 그렇다고 해도 아슬아슬함을 넘어서 가히 종말을 향해 가는 레밍의 발걸음과 같은 두 세력 간의 대결은 두렵습니다.

일주일이 넘어 조금씩 피로가 쌓일 즈음이면 어느새 돌아오는 비행기에 앉아 있는 자신을 발견하게 됩니다. 좌석 앞 항로가 표시되는 화면 속에서 동북아시아 저 외딴곳에 한 점으로 찍혀있는 한반도를 발견하게 되면 이런 생각이 듭니다.

저 작고 궁벽하고 외진 곳에서 무엇을 바라고 그렇게 아등바등 살아가고 있었던가, 또다시 저곳에 들어가서 그렇게 살아야 하는구나 하는 회의감이 함께 밀려옵니다.

이제 들어가면 조금 더 넉넉한 마음으로 여유를 가지면서 살아야겠다고 다짐도 해 보지만 막상 인천공항에 도착해서 김치찌개를 정신없이 먹고 나면 그런 생각까지 모두 리셋되어 버립니다. 언제 그런 기특하고 건설적인 생각을 했었냐는 듯이 또 하루하루를 지지고 볶으면서 뛰어다니다 보면 어느새 절인 배추처럼 축 처져 있습니다.

 그럴 때면 저도 모르게 또다시 인천공항의 순두부찌개를 떠올리게 됩니다.

조용필, 바람의 노래
그리고 은가은

해장국은 '양평해장국', 노래는 '조용필'입니다.

음식은 콩나물국, 황태해장국, 순대국밥 등 가리지 않고 잘도 먹으면서 술 마신 다음 날은 꼭 양평해장국을 먹어야 하는 것이 오랫동안 고집해 온 습관이지만 고치기는 쉽지 않습니다.

노래 역시도 '양평해장국'과 마찬가지입니다. 음악을 즐겨 듣는 사람도 아니고 음악에 대해서 이렇다저렇다 할 처지도 아니지만 노래에 있어서만은 '조용필'을 고집하고 있습니다. 그러면서도 그 흔한 조용필의 음반 한 장을 가지고 있지 않은 모순된 사람이기도 합니다.

이런 고집에 '하루키'적인 굳건한 신념이 있는 것도 아닙니다.

무라카미 하루키가 『포트레이트 인 재즈』에서 "스콧 피츠제럴드야말로 소설이고, 스탠 게츠야말로 재즈"라고 단언하던 그런 취향 말입니다. 하루키의 이런 단언은 저의 '양평해장국'이나 '조용필'과는 비교할 수 없는 확고한 의지가 스며 있습니다.

제가 조용필을 좋아하는 이유는, 20대 때 거리에서 온종일 들려왔던 〈창밖의 여자〉와 그의 노래들이 귀에 익어서 자연스럽게 마음에 닿았을 것입니다. 또 하나는 그의 노래가 가진 서정성에서 찾을 수 있습니다. 조용필의 곡들은 서정적인 메시지와 시적인 가사들이 많습니다. 그것이 조용필을 더 돋보이게 하는 요소 중 하나입니다. 유능한 작사가들을 만난 것도 조용필의 개인적인 축복입니다.

하지만 가장 본질적인 요소는 용필 오빠(?)의 가창력과 음악성이라는 기본적인 대답으로 다시 돌아올 수밖에 없습니다. 제가 환원주의적 사고방식에 매몰된 사람이라는 것을 한 번 더 확인하게 만듭니다.

그의 노래는 우리의 전통 가요인 트로트와는 약간 다른 리듬을 가지고 있습니다. 그가 음악을 처음 시작한 것이 미군 클럽의 기타리스트였고 당시 즐겨 듣고 연주했던 음악이 락이나 팝송 계열이었기 때문에 그것이 조용필 음악의 바탕이 되었습니다. 마치 피츠제럴드를 비롯한 영미계 작가들의 소설을 애독하면서 일본 소설과는 결이 다른 소설을 써온 하루키와 비슷하다고 하겠습니다.

음악을 듣고 싶을 때는 어김없이 조용필을 찾습니다. CD나 LP판 같은 것이 없기도 하고 요즘은 컴퓨터나 스마트폰으로도 많이 듣는 시대다 보니 저도 컴퓨터나 스마트폰으로 노래하는 동영상을 보며 듣습니다.

조용필의 노래 중에서 서정적인 멜로디와 시적인 가사가 돋보이는 대표적인 곡 중 하나가 〈바람의 노래〉입니다. 1997년에 발매된 16집에 수

록된 곡입니다. 조용필의 다른 히트송에 비하면 덜 알려졌지만 드라마의 OST로도 쓰였고 여러 가수들이 리메이크하기도 했습니다. 그래서인지 원곡 외에도 여러 사람이 리메이크한 동영상이 인터넷에 올라와 있습니다.

   그중 한 가수의 노래가 눈에 들어왔습니다. 은가은이라는 가수가 부르는 〈바람의 노래〉였습니다. 가요경연 프로그램 〈미스트롯 2〉에서 부르는 동영상이었는데 그 노래를 듣는 순간 정말 '소름이 오싹 돋는' 느낌이 들었습니다. 노래 경연 프로그램의 심사위원들이 참가자의 노래를 듣고 '소름이 돋는다'는 말을 할 때면 무슨 헛소리냐고 코웃음을 쳤는데 이 가수가 부른 〈바람의 노래〉를 듣고 나니 이런 느낌이구나 싶습니다.

   저렇게 〈바람의 노래〉를 소름 돋도록 부르는 은가은이라는 가수가 누구인지 궁금했습니다.

   많은 트로트 가수들의 행적이 그러하듯, 그는 일찍부터 노래에 재능을 보여왔으나 오랜 연습생 생활과 몇 장의 앨범을 냈음에도 특별한 히트송이 없었고, 드라마의 OST도 몇 곡 부르고 가요 프로그램에 더러 출연하는 정도의 무명을 겨우 벗어난 무명 가수였습니다. 그러다 이 〈바람의 노래〉를 불렀던 〈미스트롯 2〉에서 이른바 'TOP 7'에 들어가면서 이름이 알려지게 되고 이후 오랜 무명에서 벗어났다고 합니다. 그의 실력이 하루아침에 나온 것이 아니라 눈물과 설움을 먹고 나온 소리임을 알 수 있었습니다.

은가은의 이 영상은 2021년 2월에 올려놓은 것인데 조회 수가 600만을 넘어서고 천사백여 개가 넘는 댓글을 기록할 정도의 폭발적인 호응은 지금도 계속되고 있습니다. 유명 가수도 아닌 가수가 부른 노래를 이처럼 많은 사람이 보고 댓글을 단다는 것은 이례적인 일입니다.

은가은은 이 노래를 부르는 무대에서 화려한 복장과 화장을 피하고 오히려 촌스럽다고 할 정도의 수수한 차림으로 나왔습니다. 짙은 회색 계열의 바지 정장 윗도리 왼쪽 깃에 하얀 꽃 한 송이를 포인트로 주고 소매와 상의 끝부분에 레이스가 들어가 있는, 유행을 한참 지난 스타일입니다. 이것도 치밀하게 계산된 전략 중 하나인지도 모릅니다. 심사위원들이 가수의 화려한 복장이나 머리 스타일에 눈길을 뺏기지 않고 노래에만 집중할 수 있게 만들려는 고도의 전략인 셈입니다.

먼 곳을 응시하는 눈길은 처연함과 결연함이 뒤섞여 있습니다. 여기서 더 이상 물러설 곳이 없다는 벼랑 끝에 선 심정이었을까요? 노래의 의미를 새기며 마음을 집중하는 것이겠지만 보는 사람에겐 그렇게 느껴집니다.

은가은은 노래를 부르는 내내 눈물을 참아가며 부릅니다. 저러다가 노래를 다 마치기도 전에 울음이 터지지나 않을까 하는 아슬아슬함과 조마조마한 마음이 들 정도입니다. 그러나 은가은은 끝까지 자신의 감정에 휩쓸리지 않고 이겨냅니다. 오히려 노래가 진행될수록 목소리는 단단해지고 결연해집니다. 노래는 중간 부분에서 절정을 이룹니다. 눈물을 꾹꾹 참으며 노래를 밖으로 토해내지 않고 누르고 달래면서 부르던 은가은은 '보다 많은 실패와 고뇌의 시간이, 비켜 갈 수 없다는 걸 우린 깨달았네'라는 부분에 이르면 손바닥을 펴고 팔을 벌리면서 온몸으로 포효합니다.

마치 지금까지 자신이 겪었던 수많은 실패와 고뇌의 시간들이 오늘을 위한 필연적인 과정이었다는 것을 외치기라도 하듯이. 그 부분을 보면서 저도 모르게 온몸에 소름이 쫙 돋아납니다.

그렇게 정점을 향해 달리던 노래는 잠시 숨을 고르다가 '이제 그 해답이 사랑이라면, 나는 이 세상 모든 것들을 사랑하겠네'라는 마지막 부분에서 처절한 고음을 토해내며 마무리합니다. 온 세상을 향해 선언하듯.

노래가 끝나자 그동안 가슴에 담고 있던 말을 다 쏟아내 버린 안도의 한숨인지 허탈함인지 한 손으로 얼굴을 가리고 고개를 숙이며 애써 참았던 눈물을 그제야 왈칵 쏟아냅니다.

 그렇게 해서 조용필의 〈바람의 노래〉는 은가은의 〈바람의 노래〉로 새롭게 태어났습니다.
 쪽보다 푸르고 물보다 차가운 법도 가끔은 있는 법이지요. 은가은이 부른 〈바람의 노래〉가 바로 그렇습니다.

라오스에는
라오스 사람들이 살고 있다

제가 무라카미 하루키의 열성 팬이라는 것은 잘 알고 계실 줄 압니다. 하루키의 『라오스에 대체 뭐가 있는데요?』라는 여행기의 제목에서는 이미 라오스라는 나라는 가봐야 아무 볼 것도 없고 실망만 할 것이라는 느낌을 풍기고 있습니다.

라오스는 우리나라 사람에게 인기 있는 관광지는 아닙니다. 어느 TV 프로그램에서 라오스가 소개되고부터 선풍적인 인기를 끌면서 관광지 목록의 끝자락에 이름을 올린 정도입니다. 그럼에도 불구하고 하루키가 여러 사람의 의심과 비아냥을 뒤로하고 라오스를 여행하고 와서 역설적인 제목의 책을 펴냈을 때는 무언가 있을 것이라 생각했습니다. 그래서 하루키를 믿고 혼자서 라오스라는 나라를 향해 무모하게 떠났습니다. 그렇게 간 라오스에는 라오스 사람들이 살고 있었습니다.

수도 비엔티안에 있는 국제공항은 우리나라의 지방 공항을 연상하게 합니다. 작다 못해 아늑한 정도라고까지 할 수 있습니다. 항공기를 통한 해외 물동량이 많지 않고 관광지로도 이름난 곳이 아닌지라 그렇게 큰 공항이 필요하지 않은 것 같습니다. 코로나가 아직 다 끝나지 않은 상황이지만 입국하는 데 다른 서류가 아무것도 필요하지 않다는 것이 인상적이었습니다.

예상과 달리 라오스를 방문하는 우리나라 여행객이 상당히 많았습니다. 대부분은 방비엥으로 가는 것 같았습니다. 그곳이 액티비티를 비롯한 즐길 거리가 많고 예전에 TV에서 방송되었던 곳이기 때문입니다. 좀 더 시간적 여유가 있는 사람들은 거기서 1시간 정도 더 올라가는 루앙프라방까지 들르기도 합니다. 루앙프라방은 세계문화유산으로 지정될 만큼 유서 깊은 불교 유적지가 많은 곳입니다. 하루키가 여행한 라오스도 바로 루앙프라방이었습니다.

제가 일주일 동안 지냈던 곳은 비엔티안입니다. 비엔티안은 우리나라의 중소도시 정도의 모습을 연상케 합니다. 높은 빌딩이라고는 찾을 수 없고 현대식 건물도 기껏해야 백화점과 호텔 정도에 지나지 않습니다. 대통령궁은 아담하고 소박하다고밖에 표현할 길이 없고 주변의 관공서 역시 마찬가지입니다. 한 나라의 수도라고 하면 떠올리게 되는 높은 빌딩과 화려한 조명, 꽉 막힌 차량 행렬들은 찾아볼 수 없습니다.

동남아시아 하면 떠오르는 태국, 베트남, 필리핀 등의 풍경과도 전혀 다른 모습입니다.

라오스는 제1차세계대전 당시 프랑스의 지배를 받다가 독립한 후 베트남 전쟁 때 미국 편에 섰으나 미국이 전쟁에서 패하면서 베트남과 함께 공산화되어 지금에 이르렀습니다. 일찍 개혁개방을 한 베트남과는 달리 아직도 동남아시아에서 소득이 제일 낮은 저개발 국가로 남아 있습니다. 지금은 중국의 영향력이 점점 확대되고 있습니다.

라오스는 우리나라의 충청북도와 같이 동남아시아에서 바다가 없는 유일한 국가입니다.

중국, 태국과 미얀마, 베트남, 캄보디아 등 많은 국가와 국경을 맞대고 있는 지정학적인 요건은 국가의 성장을 가로막는 부정적 요인으로 작용했을 가능성이 커 보입니다. 중국에서부터 라오스를 가로질러 캄보디아를 거쳐 남중국해로 흐르는 메콩강의 탁한 물이 라오스의 오늘을 대변해 주는 느낌입니다. 잠잠하지만 결코 맑아질 가능성이 없는 탁류가 유유히 흐르는 메콩강.

라오스는 불교의 나라입니다.

인도에서 득도하신 부처님께서 열반에 든 나라가 이 나라가 아닐까 싶을 정도로. 아니면 부처님의 고향이 여기가 아닐까 싶을 정도로 불교 사원과 관련 시설이 많습니다. 도시는 물론 국경을 맞대고 있는 지역까지 불교 유적들이 뒤덮고 있습니다. 비엔티안에는 불교 사원과 박물관, 불교 유적들이 가까운 거리에 모여 있어 하루에 다 돌아볼 수 있었습니다. 가이드 없이 혼자 차를 타고 다닌 것이라 말 위에 앉아 지나는 산 구경하듯 한 것이긴 하지만.

라오스 국민의 생활 속은 물론 마음속까지 부처님이 자리하고 있는 것 같습니다.

　코로나가 조금 잠잠해진 후에는 중국 관광객들이 급격하게 밀려들어 라오스 사람들도 중국인들이 뿌리고 다니는 돈의 위력 앞에 인심이 조금씩 박해지고 있다는 말이 들리긴 합니다만, 대부분 사람은 그런 것에는 전혀 신경 쓰지 않고 그저 자기가 태어나고 자란 땅 위에서 묵묵히 풀을 뜯고 있는 염소처럼 선한 눈매를 가지고 조용히 엎드려 살고 있었습니다.

　외국 관광객들을 배척하지도 않지만 그렇다고 마음을 활짝 열고 환영하는 모습도 보이지 않고 어제와 마찬가지로 묵묵히 오늘을 살아가고 있습니다.

　라오스에서 제일 당황한 것은 영어가 전혀 통하지 않는다는 것이었습니다. 저 역시 얼마냐, 어디로 가느냐, 하다못해 이름이 뭐냐 하는 정도는 알아듣는데 라오스에서는 그 정도의 영어도 통하지 않았습니다. 그러니 손짓발짓을 동원해서 한참 동안 말해야 조금이나마 이해시킬 수 있으니 답답하기 이를 데 없습니다. 영어보다는 오히려 중국어나 태국어 몇 마디를 더 알고 있는 것 같습니다. 유럽이나 영어권 관광객들이 많지 않아서 굳이 영어의 필요성을 느끼지 못하는 것이겠지만 저 같은 사람에게는 상당히 힘든 경험이었습니다.

　유럽인과 러시아인들이 간혹 보이긴 했지만 그런 사람들도 저와 비슷한 특이한 여행객에 속하지 않을까 싶었습니다.

그렇게 언어도 통하지 않는 나라에서 가이드도 없이 현지 식당을 들르고 택시와 툭툭이를 타기도 하고 1시간 넘게 시외버스를 타 국경 근처까지 가서 여기저기 구경도 하면서 좌충우돌 일주일을 지냈습니다. 그러다 보니 혹시 잘못된 길을 가는 것은 아닐까, 돌아오는 버스는 제때 탈 수 있을까, 이 길이 맞게 가는 것인가 하는 두려움에 즐거움보다는 마음졸임이 더 컸습니다.

하루키는 루앙프라방의 불교 사원과 승려들의 보시 행렬을 구경하고 메콩강을 거슬러 여러 곳을 탐방한 후 그가 제목으로 삼은 화두에 대해 이렇게 답합니다.
"그 풍경에는 냄새가 있고, 소리가 있고, 감촉이 있다. 그곳에는 특별한 바람이 분다."라고.
제가 본 라오스에는 염소와 같은 선한 눈매를 가진 라오스 사람들이 조용히 엎드려 살고 있었습니다. 그것, 오직 그것뿐이었습니다.
특별한 무엇이 있을 것이라는 기대와 호기심으로 찾고 바라는 저 자신이 오히려 이상한 사람이었습니다. 저는 아직도 파랑새를 찾아 산 너머를 헤매고 있는 또 다른 '틸틸'이었습니다.

가우디가 사랑한 바르셀로나

밤 10시가 지날 무렵 문자 한 통이 딩동 하고 도착했습니다.
"23시 45분까지 24번 게이트로 모여주세요. 그리고 저를 보면 아는 척도 해 주시고요."

이게 무슨 엉뚱한 문자인가 하고 발신인을 확인해 보았더니 지난번 스페인 여행을 갔을 때 우리를 인솔하고 갔던 가이드가 문자를 잘못 보낸 것이었습니다. 공항에서 다시 여행자들을 인솔하고 떠날 준비를 하는 모양입니다. 빈틈없이 당차 보이던 아가씨한테도 이런 면이 있었구나 하는 생각에 한편으로는 귀여운 생각까지 들었습니다. 아니나 다를까 조금 있으니 다시 문자가 날아옵니다.

"밤늦게 죄송했습니다. 제가 문자를 잘못 보냈네요. 정말 죄송합니다. 안녕히 주무세요."

"문자를 받고 급히 짐을 챙겨 공항으로 출발하려고 했는데 아쉽네요. 잘 다녀오세요." 하고 저도 답장을 보냈습니다.

2주 전에 스페인을 일주하고 왔습니다. 10일 동안 스페인 주요 지역을 일주하는 나름 알차게 꾸민 상품이었습니다. 스페인에 관심을 가지게 된 것은 10여 년 전에 읽었던 『아내가 결혼했다』라는 책을 통해서였습니다. 그 책은 영화로까지 만들어져서 상당한 인기를 얻었습니다. 그러다가 결정적으로 스페인이라는 나라, 그중에서도 바르셀로나에 가 보고 싶다고 생각하게 된 것은 천재 건축가 가우디를 만나고 나서였습니다. 그가 남긴 불멸의 작품들과 그렇게도 지키고 싶어 했던 고향 바르셀로나를 한번 보고 싶었습니다. 더불어 지중해도.

일정 중에 바르셀로나는 맨 마지막에 잡혀 있었습니다.

우리나라보다 다섯 배 정도 큰 스페인의 다른 지역을 두루 돌아보고 바르셀로나를 향해 출발했습니다. 발렌시아를 지나서 바르셀로나로 가는 길은 저 멀리 지중해가 아득히 보이는 해변 도로로 이어져 있었습니다. 박상민의 〈지중해〉를 들으면서 멀어졌다 가까워지고 보이다가 사라지기도 하는 지중해의 잔잔한 물빛을 바라봅니다.

"떠나자 지중해로/잠든 너의 꿈을 모두 깨워봐
가보자 지중해로 늦었으면 어때/내 손을 잡아봐"

바르셀로나에 도착하여 올림픽 스타디움을 먼저 찾았습니다. 올림픽 스타디움은 몬주익 언덕 위에 지어져 있고 입구에는 몬주익의 마라톤 영웅 황영조의 기념비가 설치되어 있었습니다. 지금은 올림픽 스타디움과 복합문화시설들이 지어져 있지만 역사 속에서 몬주익 언덕은 바르셀로나 시민들에게 아픔과 고난을 의미하였습니다.

바르셀로나 민족에 대한 탄압은 프랑코 정권에서 극에 달했습니다. 프랑코 정권은 바르셀로나의 카탈루냐 민족주의자들을 대거 감금 살해하는 만행을 공공연하게 저질러졌으며 많은 사람을 지금 올림픽 스타디움이 건설되어있는 몬주익 언덕에서 처형했다고 합니다.

몬주익 언덕은 바르셀로나 사람들에게 악몽과 슬픔의 장소이며 '몬주익 언덕으로 간다.'라는 말은 곧 처형당한다는 말과 동의어였다고 하니 얼마나 가슴 아픈 이름입니까?

이러한 장소에 올림픽 스타디움을 세운 것은 파쇼 정권하에서 희생당한 사람들을 추모하고 과거의 아픔을 위무하기 위한 위령의 의미인지, 그것을 스포츠라는 또 다른 퍼포먼스로 덮고 지워버리고자 하는 고도의 정치 행위인지까지는 제가 판단할 문제는 아니었습니다.

몬주익 언덕을 내려와서 가우디의 영원한 지원자이자 친구의 이름을 딴 구엘 공원을 거쳐 그가 남긴 불후의 걸작 사그라다 파밀리아 성당으로 향합니다. 멀리 차창 밖으로 그 위용이 드러나기 시작하면 가슴이 저절로 두근거립니다. 명불허전이라고 했습니다.

1882년에 착공한 후 140년이 넘는 지금도 아직 건축 중이고 가우디 사후 100년이 되는 2026년에야 완공 예정이라는 말만으로도 엄청난 규모를 짐작하고 남습니다.

이 성당 하나를 보기 위해서 1년 내내 수많은 관광객이 몰려들어 유럽 2위의 관광지가 되었다는 말 역시도 성당을 직접 보고 나면 그리 놀랍지도 않습니다.

사그라다 파밀리아 성당은 유럽의 어떤 성당과도 전혀 다른, 특이한 모습이었으며 그 규모에 압도당합니다. 조각품 하나마다 사연과 뜻하는 바가 따로 있으며 햇볕의 방향에 따라 형형색색 변하는 내부의 빛의 향연을 보면서 벌어진 입을 다물지 못하다가 성당을 뒤로하고 돌아서는 발걸음이 떨어지지 않습니다. 가우디에게 건축 학교 졸업장을 주면서 선생님이 했다는 말이 수긍됩니다.

"우리는 지금 천재이거나 아니면 미치광이 둘 중의 한 사람에게 졸업장을 주고 있다."

스페인의 민족 갈등은 오랜 역사를 지녔습니다.
중세로부터 이어져 온 마드리드로 대표되는 카스티야 민족과 바르셀로나로 대표되는 카탈루냐 민족의 대립과 분열의 역사는 그 형태를 달리할 뿐 지금도 계속되고 있습니다. 특히 카탈루냐 민족을 대표하는 바르셀로나 시민들의 민족적 자긍심과 독립 의지는 오랜 탄압과 많은 희생을 초래한 원인이 되기도 하였습니다. 가우디 역시 독실한 그리스도교도인 동시에 철저한 민족주의자였습니다.
최근에도 카탈루냐 민족주의자들의 분리독립 찬반투표 강행 의지가 가시화되자 중앙정부에서 민족주의 지도부 인사들을 정식재판도 없이 구금하였습니다. 바르셀로나 시민들 간에도 분리독립을 찬성하는 사람들과 반대하는 사람들 간의 갈등은 계속되고 있습니다.
분리독립을 찬성하는 사람들은 바르셀로나 주기와 바르셀로나 독립

깃발을 걸어놓았고 반대하는 사람들은 스페인 국기를 걸어놓고 있었습니다. 도로와 벽 곳곳에 세월호의 상징으로 알려진 노란 리본 그림이 그려져 있어서 아직도 이들은 세월호 희생자들을 위해 기도하고 있구나, 하고 생각했는데 그것은 구금된 민족주의 대표들이 무사히 돌아오기를 기원하는 의미로 그려놓은 것이라고 합니다.

우리가 흔히 세월호 추모 표시라고 알고 있는 노란 리본은 세월호 사건으로 처음 사용된 것이 아니라 오래전부터 참전한 군인들의 무사 귀환을 기원하는 의미로 사용되어 왔고 지금도 세계 곳곳의 분쟁과 사건 현장에서 사용되고 있다고 합니다.

귀국해서 8시간이나 나는 시차를 극복하느라 이틀 넘게 고생하다가 겨우겨우 붕 떠 있던 마음을 가라앉히고 일상에 적응해가고 있는데 한밤중에 엉뚱한 문자를 받고 나니 오늘 밤 꿈에서는 또다시 스페인을 향해, 가우디의 사그라다 파밀리아 성당을 향해 날아가게 될 것 같습니다.

하루키가 설거지하며 듣는 음악은?

해바라기꽃 모양으로 뜨개질한 노란 수세미에 세제를 퐁퐁퐁 묻혀서 설거지를 합니다.
〈베토벤 바이올린협주곡 D장조, 작품번호 61〉을 들으면서.
클래식 음악을 틀어놓고 설거지를 하는 것이 어째 격에 어울리지 않는 느낌도 들지만 설거지에 어울리는 음악이 따로 있는 것은 아닐 겁니다. 평소 부담 없이 듣기에는 베토벤보다야 임영웅 노래가 좀 더 낫지 않을까 생각되기는 합니다.
저는 클래식을 즐겨듣는 사람이 아닙니다. 그 방면에는 아예 문외한일 뿐 아니라 음악이라는 장르 자체를 어려워합니다. 좋아하는 가수는 조용필입니다. 임영웅이나 전유진 같은 젊은 트로트 가수들의 노래를 가끔 듣기도 합니다. 어쩌다 노래방에 갈 기회가 있으면 가요 몇 곡을 부르면서 분위기를 맞추기도 합니다만 딱 그 정도입니다. 그런데 뜬금없이 베토벤이라니, 그것도 설거지를 하면서.
매일 책 읽는 일상은 아내가 요가를 가는 날은 조금 바뀝니다. 외출 준비에 바쁜 아내를 대신해서 아침 식사를 차리고 돌아오기 전에 미루어 두었던 설거지를 합니다. 제가 베토벤을 들으면서 설거지를 하는 이유도 바로 여기에 있습니다.

읽고 있는 책이 무라카미 하루키의 『오래되고 멋진 클래식 레코드 2』입니다.

이 책을 읽는 이유는 클래식이나 베토벤을 좋아해서가 아니라 하루키가 썼다는 이유 때문입니다. 제가 가장 좋아하는 작가입니다. 『오래되고 멋진 클래식 레코드 2』에 소개된 작곡가들과 지휘자, 그리고 연주자들은 모두 생소한 이름들뿐이었습니다.

이름이라도 들어본 작곡가는 바흐, 차이콥스키, 모차르트, 슈베르트, 멘델스존, 베토벤, 쇼팽, 슈만, 브람스, 드보르자크 정도입니다.

베를리오즈, 라벨, 도메니코 스카를라티, 레스피기, 거슈윈, 페르골레시, 힌데미트, 코렐리, 프로코피예프, 풀랑크, 포레 등은 태어나서 처음 들어 보는 이름들입니다.

이 책에는 그런 유명 작곡가의 작품을 104곡이나 소개하고 있고 같은 작품을 녹음한 여러 버전의 레코드까지 소개하고 있으니 어질어질합니다. 책을 읽다 보면 클래식에 대한 눈이 조금 밝아지지 않을까 하는 기대는 아예 하지 않습니다.

클래식 작품에 대한 이해와는 별개로 하루키는 여전히 제 마음을 흔듭니다. 하고 싶은 말을 무겁지 않고 뽐내지도 않으면서도 양념과 같은 유머를 살짝 첨가해 가볍게 써내고 있습니다. 그것은 수많은 노력과 연마를 통해 만들어진 스타일이겠지만 어려운 말을 쉽게 풀어가는 재주만은 감탄스럽습니다.

클래식 작품들에 대한 하루키의 감상을 따라가는 것은 쉽지 않습니다. 관심이 가는 작품은 인터넷으로 검색해서 들어보기도 하지만 그런다고 없던 안목이 갑자기 생길 리 만무합니다. 하지만 쾌활한 문체와 곳곳에 배인 하루키다운 은유는 책의 풍미를 더해줍니다. 이런 것이 하루키를 끊지 못하게 만드는 마력 중의 하나입니다.

"청년 아시케나지의 연주는 더없이 섬세하다. 마치 가느다란 바늘 끝으로 정밀한 동판화를 새기는 사람처럼, 숨을 죽이고 몇 폭의 음악적 정경을 그려나간다."
– 무라카미 하루키, 『오래되고 멋진 클래식 레코드 2』 중에서

아내가 요가를 마치고 돌아오기 전에 설거지를 마쳐야 합니다. 세제를 듬뿍 묻힌 수세미로 달그락거리며 설거지를 하다 보면 어느새 잡념이 사라지고 그릇 닦는 데만 집중하게 됩니다. 마음이 우울할 때 달그락거리는 소리를 내며 설거지하는 주부들의 마음을 알 것 같습니다. 하루키의 문장이 주는 상쾌함처럼 그릇이 뽀드득 소리를 내며 깨끗해지면 마음도 함께 뽀드득거립니다.

하루키가 소개한 〈베토벤 바이올린협주곡 D장조, 작품번호 61〉은 바이올리니스트 정경화가 키릴 콘드라신 지휘로 빈 필 교향악단과 연주한 1979년도 음반입니다. 하루키는 이 작품을 연주한 정경화의 바이올린을 극찬합니다.

"정경화의 바이올린 연주는 야구로 치면 '공을 끝까지 잡고 있는 투수'를 연상시킨다. 마지막 한순간까지 소리가 손가락을 떠나지 않는다."

역시 야구를 좋아하는 하루키다운 비유입니다. 투수가 공을 끝까지 잡고 마지막 한순간까지 소리가 손가락을 떠나지 않도록 연주하는 것은 어떤 느낌일까 생각하며 정경화가 바이올린을 연주하는 베토벤을 듣습니다. 역시 개 발에 편자입니다.

아무리 들어 보아도 투수는 고사하고 야구장 근처에도 못 갑니다. 당연한 일 아니겠습니까?

저에게는 하루키 같은 듣는 귀가 없으니.

그렇게 베토벤을 들으면서 쓱쓱 싹싹 설거지를 하다 보니 어느새 끝났습니다. 덕분에 하나는 알게 되었습니다. 설거지 음악이 따로 있는 것이 아니라 설거지하면서 듣는 음악이 곧 설거지 음악이라는 것을. 사는 곳이 바뀌니 생각도 점점 사는 곳을 닮아가나 봅니다.

하루키는 설거지하며 어떤 음악을 들을까요? 베토벤?

흡연, 금지를 금지하라

이명박 정권 출범 초기에는 이른바 '전봇대 뽑기'란 말이 유행이었습니다.

많은 불편을 초래하는 전봇대를 옮기려 해도 관련 법령의 규제 때문에 몇 년째 옮길 수 없었는데, 출범 준비 중이던 이명박 정권은 이것을 개혁의 상징으로 삼고자 관련 법규를 정비하기 전이라도 불가능한 상황이 아니면 가능한 방향에서 문제를 풀고자 했습니다. 결국 그 '전봇대'들은 뽑히게 되었다는 일화입니다. 그 후 '전봇대 뽑기'로 대표되는 규제 개혁은 정권 출범 후 유야무야되고 말았습니다만.

뽑히지 않는 전봇대와 같은 규제와 금지는 곳곳에서 발견할 수 있습니다.

흡연 금지, 주차 금지, 좌회전 금지, 무단횡단 금지, 진입 금지, 출입 금지 등 이루 헤아릴 수 없는 '금지'들은 우리 사회가 모든 사람을 가두고 감시하고 처벌하기 위해 존재하고 있는 것은 아닌가 의구심을 들게 할 지경입니다. 더 큰 문제는 이러한 금지들은 무작정 금지만 할 뿐 그에 대한 대안은 제시되지 않고 있다는 데 있습니다.

거의 모든 건물과 거리가 '흡연 금지'와 '금연' 표시로 어지러울 지경입니다.

폐암 등을 일으키는 치명적인 요소인 담배로부터 비흡연자를 보호하기 위해 금연 정책을 편다는 데까지는 사회적 합의가 이루어져 있습니다. 문제는 이러한 정책이 일방적 금지만을 외치고 있을 뿐 현실적으로 존재하는 흡연자에 대해서는 외면하고 있다는 데 있습니다.

흡연으로 인한 폐암 발생률이 상승하고 이로 인한 비용이 수천억 원이 소요되는 등 상상할 수 없을 만큼 큰 피해와 고통이 발생하고 있음에도 마약보다도 더 무서운 담배를 수입, 생산, 판매하는 것을 묵인하고 있는 것은 한 마디로 국민 건강을 지켜야 할 국가가 기본 의무를 방조하고 있는 것이나 다름없다고 하겠습니다.

그것이 담배에 매겨지는 엄청난 세금 때문이라는 것은 삼척동자도 다 알고 있습니다. 담배 한 개비에는 절반 이상이 세금이라고 할 수 있습니다. 따라서 역대 모든 정부에서는 국민 건강을 위한다는 명목으로 지속적으로 담배 가격을 인상해 왔고 무려 100%에 가까운 금액을 인상했던 적도 있습니다. 담뱃값이 많이 오르면 담배를 피우는 사람이 줄어들어 국민 건강이 더 좋아질 것이라고.

하지만 담뱃값 인상 당시에는 반짝 흡연 인구가 줄었다가 이내 담배 소비량이 원상회복되었습니다. 다이어트를 하고 나서 어느 정도 지나면 요요현상으로 원상 복구되는 것과 비슷한 현상이라고나 할까요. 결국 담뱃값 인상은 국민 건강증진과는 아무 상관 없이 세금을 올리는 구실로써만 훌륭한 역할을 수행했던 것입니다.

그렇게 담뱃값을 올려서 걷은 세금이 정작 담뱃세를 낸 당사자를 위해서는 거의 쓰이지 않고 있는 것은 또 다른 모순입니다. 국민의 건강을 위한다는 명목으로 엉뚱한 흡연자들의 주머니만 털어가고 있는 꼴이 되고 있습니다.

그렇다면 모든 건물과 거리 곳곳에 도배되고 있다시피 한 '금연', '금연구역', '흡연 금지' 등의 구호도 다시 생각해 봐야 할 때가 되었습니다. 엄연히 19세 이상의 성인에게 판매가 허용되는 기호품이기 때문에 흡연자들의 권리 역시 마땅히 보호되어야 합니다. 모든 사람이 금연하면 좋겠지만 현실적인 수요가 있는데 그것을 외면한 채 일방적으로 금연만 외친다면 흡연자들은 더 음지로 들어가게 되고 또 다른 피해를 낳게 될 것입니다.

공항과 같이 흡연 부스를 별도로 설치해서 흡연할 수 있는 환경을 만들어 주는 것이 바람직한 정책이지 무조건 금연만을 외친다고 국민의 건강이 높아지고 금연 인구가 늘어나지는 않을 것입니다. 그나마 다행인 것은 그러한 무책임한 정책이 최근에 와서는 조금씩 변화의 조짐을 보이고 있다는 정도입니다.

아파트에서도 흡연 문제가 층간 소음만큼이나 많은 말썽을 낳고 있습니다. 자기 집 화장실이나 베란다에서 피운 담배 냄새가 윗집으로 퍼져서 또 다른 민원이 발생하기도 합니다.

요즘은 아파트도 '금연 아파트'로 선정된 곳이 많습니다. 아파트 관리사무소에 흡연 구역은 어디냐고 물어보면 그저 얼버무리고 맙니다. 현실적 대안은 마련하지 않고 금연만 강요하는 정부의 정책과 판박이입니다. 담배를 피우지 않는 사람만 입주민이고 담배를 피우는 사람은 입주민이 아니란 말인지.

세상의 모든 예절은 화단에 함부로 들어가지 않는 작은 배려에서부터 시작된다고 했는데 지금 우리 사회 곳곳에서 벌어지고 있는 금지와 규제를 보면 그 일방성과 폭력성은 점점 커지고 있습니다. 다수의 안녕과 질서를 위한다는 대의명분도 좋지만 그 규제와 금지에 해당되는 사람들의 최소한의 권리도 생각해 봐야 합니다.

이러한 관심이 조금씩 확대될 때 거기서부터 우리 사회의 약자와 소수자의 권리와 외침에까지 관심을 가지는 계기가 될 수 있다는 생각은 지나친 확대해석일까요? 다수에 속하지 못한 사람들을 무조건 매도할 것이 아니라 그저 남들과 취향이 조금 다르다는 것으로 이해해 주면 좋겠습니다.

우리나라의 그런 규제에 주눅이 든 탓인지 외국 여행 중에도 담배를 피우기 위해서는 구석을 기웃거리게 됩니다. 그런데 거리 곳곳에서 자연스럽게 담배를 피우는 파리의 모습은 문화 충격에 가까웠습니다. 그런 모습에 대한 현지인의 말은 의외입니다.

개인의 자유를 억압해서는 안 된다, 담배를 피우든 말든 그건 개인의 취향일 뿐이며 어디에서 피우든지 그 역시 개인의 자유일 뿐이라고.

거리가 쓰레기 하나 없이 깨끗해지면 청소노동자의 일자리가 없어지기 때문에 안된다는 말을 처음 들었을 때와 마찬가지로 고차원적인 유럽식 농담이겠거니 생각했는데, 그 말에도 어느 정도 진실이 존재한다는 사실을 알고 나서는 우리와는 전혀 다른 문화와 사고방식을 가진 그들을 또 다르게 바라보게 되었습니다.

만일 서로의 이해와 권리가 상충할 때는 어떻게 타협과 합의점을 찾는지 물어보지 못한 것은 아쉽습니다만 "담배 피우는 우리의 권리를 침해하지 않는다면 우리도 금연하는 너희들의 권리를 존중하겠다."라는 애매모호한 말로 얼버무리지는 않을 것이라고 예상해 봅니다.

거리에 흡연이 가능한 휴지통의 색깔을 지정해서 설치하고 그곳에서만 담배를 피우도록 허용하고 그 외의 구역에서 피울 때는 엄청난 과태료를 부과하는 홍콩의 금연 정책에서 힌트를 얻을 수도 있지 않을까 생각해 봤습니다.

국민의 건강을 최우선으로 하는 우리 금연 정책의 순수성을 믿을 수 있기를 희망합니다. 정부의 금연 정책이 세금 징발의 수단이 아니라 오직 국민의 건강만을 위해서 시행되고 있는 것이 사실이라면 더 이상 돈과 인력을 낭비하지 말고 부탄 왕국과 같이 담배의 수입, 판매, 유통을 전면 금지해서 우리 국민의 건강과 행복 지수가 일순간에 세계에서 가장 높아지도록 만들어야 한다고 요청하고 싶습니다. 그럴 때 관련 부처의 담당자들은 과연 무슨 말을 할까 심히 궁금합니다.

야구의 정석 직관 필패

"사랑은 골목길에서 갑자기 살인자가 튀어나오듯이 우리 앞에 나타나 (…) 달려들었습니다. 번개처럼, 단도처럼!" 저에게 이 번개처럼 달려든 사랑은, 미하일 블가코프의 『거장과 마르가리타』에서처럼 어느 미모의 여성을 향한 사랑이 아니라 '프로야구'에 대한 사랑입니다. 그 사랑은 느닷없고 갑작스럽게 왔습니다.

어릴 때부터 운동이라고는 기껏해야 동네 마당에서 공을 차고 노는 것이었으며 기억을 좀 더 확장해 본다 해도 군대에서 축구를 해 본 것이 전부였습니다. 군대와 축구, 군대에서 축구한 얘기는 금지어가 된 지 오래인데 어쩌다 보니 또 나왔네요. 이에 비해 야구는 전혀 생소한 종목이었습니다. 축구는 공 하나만 있으면 되지만 야구는 시골에서 쉽게 즐길 수 있는 운동이 아니었습니다. 그래서 성인이 되기까지도 야구에는 거의 관심이 없었습니다.

처음 프로야구에 관심을 가지게 된 것은 시간을 때울 요량으로 TV의 야구 중계를 보기 시작하면서부터였습니다. 그것을 한두 번 보면서 점점 빠져들었습니다. 저를 이렇게 광 팬으로 만든 팀은 '롯데 자이언츠'입니다.

제가 프로야구에 빠져들 무렵 진정한 프로야구 마니아들은 LA다저스에서 활약하고 있던 박찬호 선수를 보면서 환호하고 있었으니 한참 뒤 늦은 일입니다. 시시한 국내 프로야구를 뭘 그렇게 열을 내면서 보느냐는 비아냥도 들었지만 남들이 뭐라든 날마다 프로야구 중계를 시청하다시피 하며 빠져들었습니다.

프로야구가 다른 종목에 비해서 좋은 점은, 월요일만 제외하고 매일 경기가 열리기 때문에 퇴근하고 저녁 시간을 즐기기에 딱 알맞다는 것입니다. 겨울을 제외하면 1년 내내 즐길 수 있는 것도 장점입니다. 프로야구는 운동 경기 중에서 지역 색채가 가장 강한 종목입니다. 이것은 프로야구의 역설적인 장점이기도 합니다. 프로야구가 처음 개막한 1982년 당시는 지역 갈등이 상당히 심한 시기였습니다. 그때는 그러한 지역 갈등을 해결하는 것이 시급한 정치적 과제였을 텐데 프로야구와 같은 지역 기반 스포츠가 생겨난 것은 아이러니한 일이 아닐 수 없습니다. 하지만 이런 강한 지역 색채가 팬심을 결집시키고 오늘과 같은 인기종목으로 부상하는 데 일조했다는 것만은 부정할 수 없습니다. 제가 자연스럽게 롯데 자이언츠의 팬이 되었던 것처럼.

1년에 한두 번은 야구장으로 찾아가 직관합니다.

직관을 하면 TV로 시청하는 것과는 또 다른 묘미를 느낄 수 있습니다. 전혀 모르는 사람이지만 같은 팀을 응원하고 있다는 마음 하나만으로도 동지애와 비슷한 친근감을 느낍니다. 3시간을 넘게 고함지르고 노래를 부르며 응원하다 보면 스트레스가 싹 풀립니다. 응원과 함께 치킨에 시원한 맥주를 곁들이는 맛이란 그 무엇과도 바꿀 수 없습니다.

하지만 기쁨은 딱 거기까지입니다. 응원하는 팀이 이기기라도 하는 날에는 근처에서 또 한 번 질펀한 뒤풀이를 벌이는 재미 또한 쏠쏠하지만 그러한 재미는 자주 오지 않습니다. 제가 직관하면 패배하는 경우가 대부분입니다. 오죽했으면 야구의 속설 중에서 '직관 필패'라는 말이 생겼겠습니까? 야구에서 타율 3할이면 수준급 타자라고 하는데 저의 직관 승률도 대략 그 정도입니다. 3할이면 준수하지 않느냐고 하겠지만 열 번 구경 가서 세 번 이기고 일곱 번 진다고 생각해 보면 초라합니다.

저만 이런 게 아니라 대부분의 다른 팬들도 그 '직관 필패'의 속설을 피하지 못하고 있다는 말을 들으면 조금 위로가 됩니다. 오죽했으면 제가 경기를 보면 질 것 같아서 TV 중계도 보지 않을 정도입니다. 그보다 더한 사람은, 이긴 경기도 영상을 다시 돌려보면 뒤집히지 않을까 걱정되어 보지 않는다고 말할 정도입니다.

떠나갈 자유, 잇혀질 권리

    프로야구 원년에 만들어진 롯데 자이언츠는 1992년 우승 이후 30년이 넘도록 아직 우승을 못 한 팀입니다. 그런 롯데 팬들의 마음은 참담합니다.
    어떤 이들은 롯데 팬들을 두고 '생불'이라 부르기도 하고 롯데가 우승 하는 것보다 남북통일이 더 빠르겠다는 조롱까지 들릴 정도입니다. 저 역시 롯데의 암흑기 비밀번호라 이름하고 있는 '8888577' 시기의 팬이다 보니 롯데가 해마다 가을 야구에 탈락하고 나면 다시는 롯데를 응원하 지 않고 다른 팀으로 이적(?)하겠다고 벼르지만 막상 봄이 되면 '올해는 다르겠지?' 하는 기대로 또다시 롯데를 응원하는 악순환을 반복하고 있 습니다. 지금 당장 화장해도 사리가 한 사발은 나올 것입니다.
    그런 롯데 팬들은 태생적 푸념은 더욱 안쓰럽습니다. 태어나 보니 부 산이었고 롯데 팬이던 아버지를 따라 사직구장을 드나들다 보니 자기도 모르게 롯데 자이언츠의 팬이 되어 지금까지 롯데 팬으로 살고 있고 자식 역시 자기와 같은 길을 걷고 있노라고. 이제 롯데를 응원하는 것은 가족의 숙명처럼 느껴진다고. 아무리 마음에 들지 않는다고 가족을 갈아치울 수는 없지 않으냐고. 이 얼마나 숙연한 팬의 마음입니까?

부산은 프로야구 열기가 가장 뜨거운 도시 중의 하나로 이름 나 있고 롯데 팬들의 광적인 응원은 타의 추종을 불허할 정도입니다. 지상 최대의 노래방이라고 불리는 사직야구장의 응원 문화는 해외 관광객들의 체험 코스가 될 정도입니다.

저도 언젠가 부산으로 여름휴가를 가서 온 가족이 사직 노래방의 응원 문화를 체험하며 〈부산 갈매기〉를 목이 쉬어라 부르고 마음껏 "마!" 하고 소리 지르며 즐기는 짜릿한 경험을 했습니다. 롯데가 가을 야구를 하면 꼭 다시 사직야구장에 와서 응원하겠다고 약속했는데 그 약속은 몇 년째 지켜지지 못하고 있습니다.

이러한 안타까운 운명은 저 하나로 끝나야 했을 것을 저 역시 대를 이어 되풀이되고 있습니다. 제가 야구장에 갈 때 어린 아들을 데리고 가서 치킨을 사주었더니 그 후부터는 야구 구경을 갈 때마다 따라나서곤 했습니다. 어린애가 야구에 대해 그리고 롯데라는 팀에 대해 뭘 알아서가 아니라 야구장에 가면 먹고 싶은 과자와 치킨을 마음껏 먹을 수 있어서 따라나섰던 것입니다. 이제는 성인이 된 아들도 아빠가 응원하는, 해마다 가을 야구를 간절히 외치는 팬의 열망을 외면하는 롯데 자이언츠의 가슴 아린 또 한 명의 팬이 되고 말았습니다.

 이게 다 야구 때문입니다. 그래도 어쩌겠습니까, 이젠 '봄데'라도 상관없고 '꼴데'라도 어쩔 수 없습니다. 제가 좋아하는 팀이니. 올해는 달라질까요? 그럴 겁니다. 아니 꼭 그래야 합니다. 그런데 올해도 작년처럼 또 그럴 것 같습니다. 아들과 함께 개막 경기를 보러 잠실야구장으로 갔는데 LG 트윈스에게 참패를 당했습니다. 롯데 자이언츠라는 피할 수 없는 운명의 수레바퀴에서 제가 내려올 날은 언제일까요?

2G폰 회군

이쯤 되면 변절이라고 해도 할 말이 없습니다.

수십 년 가까이 고집스럽게 지켜온 신념을 하루아침에 바꾸고 말았으니. 20여 년 동안 2G폰을 고집해 오다가 최근에 스마트폰으로 갈아탄 것을 두고 하는 말입니다. 그렇게 된 데는 사정이 있을 터이니 변명이라도 해봐야 마음이 조금 편할 것 같습니다.

고려말 요동을 정벌하기 위해 출정한 이성계가 어명을 거역하고 위화도에서 회군하면서 그럴듯한 핑계를 댔던 것도 나름대로는 사정이 있었습니다.

소국이 대국을 치는 것이 불가하다거나 농사철에 군대를 동원함은 불가하며 왜구의 재침 우려와 장마철에 화살이 멀리 나가지 않고 군사들의 질병이 우려된다는 등의 이른바 4불가지론은 당시의 정치적, 지정학적 요인을 감안하더라도 역모나 쿠데타에 다름 아니며 자신의 집권야욕에 대한 정당성을 확보하기 위한 명분에 불과했지만 말입니다.

그런 이성계의 명분에는 미치지 못하지만 그럴 수밖에 없었던 이유를 몇 가지 말하겠습니다.

지금 스마트폰의 세계로 편입되지 못하면 첨단 기술의 변화에 능동적으로 대처할 수 있는 기회를 놓치게 되고, 스마트폰이 대세인 시대에 혼자 2G폰을 사용하는 것은 다양한 정보 교류와 대인관계에서 뒤처지고 고립될 것이며, 더 나이가 들면 스마트폰에 대한 두려움 때문에 적응하기가 더 어렵다는 이유입니다.

대충 이런 정도의 변명을 둘러대 보지만 수십 년 동안 2G폰을 사용해 오면서 했던 말들과 고집을 생각해 보면 낯 뜨겁기는 마찬가지입니다.

저 혼자 2G폰을 사용하고 있어서 연락하기가 여간 불편한 게 아니라는 친구들의 투정도 모른 척하고 스마트폰의 편리함을 귀에 딱지가 앉을 만큼 들어도 요지부동인 채 2G폰을 사수하고 있었는데 미전향 장기수가 전향하듯 하루아침에 스마트폰으로 갈아탄 이상 비난과 놀림은 온전히 감당할 수밖에 없습니다.

저간의 사정을 들여다보면 조금 측은한 면도 없지 않습니다. 2G폰은 외진 곳이나 산속에서는 통신 상태가 좋지 않을 때가 많습니다. 한 번은 회사에서 교육을 갔던 장소가 산속에 있어서 아내가 몇 번을 전화해도 받지 않아서 무슨 사고라도 생긴 것은 아닌가 걱정해 다른 직원들에게 전화를 걸고 난리가 났습니다.

집으로 돌아와서 자초지종을 이야기하고 폰이 오래되고 상태가 좋지 않아 새 2G폰으로 바꾸겠다고 했더니 2G는 무슨 2G냐고 당장 가서 스마트폰으로 바꿔 오라고 펄쩍 뛰는 바람에 그 길로 나가 스마트폰으로 바꿨습니다. 다른 사람들의 수 없는 공갈 협박에도 꿈쩍 않던 제가 아내의 한마디에 그야말로 찍소리도 못하고 스마트폰으로 갈아탄 것입니다.

그동안 2G폰을 고집했던 데는 다른 이유도 있었습니다.

스마트폰에서 끊임없이 쏟아지는 정보에 빠져들다 보면 모든 시간을 스마트폰에 빼앗기게 되어 하는 일에 방해가 될 것이라는 걱정 때문이었습니다. 이런 것도 기씨의 하늘 무너지는 걱정이었을까요? 책을 읽거나 글을 쓸 때는 무음으로 해 놓으면 된다는 말에도 쉽게 수긍하지 못하는 것은 저 자신을 잘 알기 때문입니다. 저란 사람이 절제가 강하지 못하기 때문에 필시 거기에 빠져들 수밖에 없으리라는 것은 누구보다 잘 알고 있었습니다. 그래서 애초에 싹을 자르자는 의미로 스마트폰을 사용하지 않았던 것입니다.

아내의 엄명으로 스마트폰으로 갈아탄 이상 이 첨단 기기를 배우는 것이 시급한 과제였습니다. 처음에는 낯설고 도대체가 손에 잡히지 않았습니다. 한 손에 들기도 버거울 만큼 크고 호주머니 속에 넣어놓아도 금시 빠져버릴 것 같아서 여간 신경 쓰이는 것이 아니었습니다. 거기다 수십 년간 버튼식의 2G폰에 익숙해 있다 보니 손끝으로 화면을 터치해서 조작하는 스마트폰은 적응할 수가 없었습니다. 손이 굳어진 어른들이 피아노를 배울 때 좀처럼 건반을 따라가지 못하는 것과 비슷합니다.

몇 번을 연습해도 익숙해지지 않고 전화를 걸고 받는 것도 힘들 지경이었습니다. 그래도 어쩌겠습니까, 모진 구박을 감수하고라도 어떻게든 조금씩 배워서 익숙해질밖에. 첩첩산중이라고 했습니다.

이 스마트폰은 배워도 배워도 자꾸만 다른 기능이 나오는 통에 환장할 노릇입니다. '핸드폰'이라는 것은 통화와 문자만 주고받으면 된다고 생각했는데 이 스마트폰에서 통화는 부가 기능이고 인터넷과 카카오톡을 비롯한 SNS와 같은 것들이 주요 기능이라는 것을 아는 데는 그리 오래 걸리지 않았습니다. 거기다 PC가 하던 정보검색 기능은 물론 쇼핑과 은행 업무까지 모두 소화하고 있었습니다.

조금씩 스마트폰을 익혀 나가다 보니 어느새인가 스마트폰을 손에서 놓지 않고 있는 저를 발견하게 됩니다. 회사에 있을 때는 물론이고 집에 돌아와서도 배운다는 구실로 만지작거리고 수시로 딩동대고 카톡대고 징징대는 소리에 깜짝깜짝 놀라 잠시도 다른 일에 집중할 수가 없습니다. 폰을 아예 꺼 놓거나 무음으로 해 놓으면 급한 연락을 못 받을 것 같은 또 다른 조바심이 생겨 꺼 놓지도 못하고 수시로 확인해야만 했습니다. 하지만 그런 걱정은 애초에 할 필요가 없었습니다. 분초를 다투는 급한 전화도 없고 카톡을 확인하지 않아도 큰일이 생기지도 않고 아무 일도 일어나지 않았습니다.

그래도 사람들이 아침에 일어나서 잠들 때까지 스마트폰을 놓지 못하는 마음을 조금은 이해할 수 있을 것 같았습니다. 지금까지는 아이들이 식사할 때나 화장실 갈 때도 스마트폰을 가지고 다닌다고 잔소리란 잔소리는 다 해댔는데 이제는 그럴 수도 없게 되었습니다.

스마트폰을 구입한 지 6개월밖에 되지 않았는데 벌써 중독성을 걱정해야 할 정도라면 일찍부터 스마트폰을 장난감처럼 사용해 온 청소년들이야 오죽하랴 싶었습니다.

지금 아이들이나 다른 사람들을 걱정하고 있을 때가 아닙니다. 저 자신이 말 그대로 스마트하게 살아갈 방도를 찾는 것이 급선무입니다. 이대로 스마트폰의 마력 앞에 무릎 꿇고 만다면 수년 동안 준비해 온 계획마저 하루아침에 물거품이 될 수도 있습니다.

그때는 돌아서서 후회해 봐야 소용없을진저, 진정 스마트한 사람은 스마트폰을 스마트하게 사용할 줄 아는 사람일 것입니다.

공자의 속마음을 거꾸로 읽다

　동서양을 대표하는 철학자를 꼽으라고 한다면 동양은 공자, 서양은 플라톤이라고 할 수 있습니다. 춘추전국시대의 많은 사상 중에서 한나라 황제에 의하여 국가의 사상으로 공인받은 이후 중국의 주류 사상으로 자리 잡은 유가는 이후 동양 사상의 태두로 우뚝 섰습니다.
　"서양의 철학은 플라톤의 주석에 지나지 않는다."라는 화이트헤드의 극단적인 평가에도 기꺼이 고개가 끄덕여질 만큼 플라톤의 사상 역시 후대의 많은 철학자에게 엄청난 영향을 끼치며 오늘에 이르렀습니다.

　공자는 당시 노나라를 지배하던 가문의 대부들과 갈등으로 벼슬을 버리고 자신의 뜻을 펼치기 위해 생애 대부분을 천하를 떠돌면서 기회를 엿보았지만 끝내 자신을 알아주는 군주를 만나지 못하고 고국을 떠난 지 14년 만에 노나라로 다시 돌아와 후학을 가르치다가 생애를 마칩니다.
　플라톤 역시 스승인 소크라테스가 독약을 받고 죽자 한동안 세상을 멀리하고 떠돌다가 자신의 이상을 실현해 줄 인물을 찾아 멀리 시라쿠사의 참주를 세 번이나 찾아갔지만 끝내 실패하고 모진 역경을 겪다가 아테네로 돌아와 아카데미아를 세우고 후학을 양성하는 일에 전념합니다.

두 거장의 생애는 한 편의 영화를 두 번 보는 것과 같이 닮아있습니다.

두 사람은 생애만 닮은 것이 아니라 펼친 사상도 비슷합니다. 공자와 플라톤의 사상을 한마디로 요약하면, "차별을 인정하는 가운데 적정한 요건을 갖춘 사람이 세상을 지배해야만 정의로운 세상이 될 수 있다."라고 할 수 있습니다. 공자가 말하는 적정한 요건을 갖춘 사람은 '군자'가 될 것이요 플라톤의 이데아를 실현하는 주체는 참된 철학자인 '철인'입니다.

『논어』〈안연〉편에는 이러한 구절이 나옵니다.

"군군신신부부자자(君君臣臣父父子子)". 공자가 경공에게 정치의 본질에 대해 대답한, 임금은 임금답고 신하는 신하다워야 하며 부모는 부모답고 자식은 자식다워야 한다는 말입니다.

임금은 나라의 우두머리요 신하는 그 임금을 보필하는 사람입니다. 따라서 신하는 임금을 보필하는 역할에 머물러야만 합니다. 신하가 아무리 고매한 학식을 가졌더라도, 임금이 아무리 난폭하다 해도 그 임금이 어진 정치를 펼치도록 간언하고 보좌하는 것이 신하가 해야 할 마지노선입니다.

부부자자(父父子子)에 해당하는 일반 백성 역시 마찬가지입니다. 가정 내에서 아비와 자식의 도리를 어기지 않는 선에서 생활하는 것으로 만족해야 하고 국가를 영위하는 일이나 사회적인 활동을 넘봐서는 안 된다는 간접적인 구속력이 포함되어 있습니다.

가을 추수를 마치고 나면 풍요로운 결실을 축하하는 농악의 선두에 선 깃발에는 이런 글귀가 씌어 있습니다. "농자천하지대본야(農者天下之大本也)".

효문제가 처음 사용했다고 전해지는 이 말을 액면 그대로 해석하면 농민들은 천하의 큰 근본이라는 아주 좋은 뜻입니다. 이 말에도 사람들은 모두 타고난 계층과 맡은 바가 정해져 있으니 자신의 신분에 충실해야 한다는 공자의 사상이 숨겨져 있다고 해석할 수 있습니다. 큰 근본(大本)이라는 말속에는 가장 밑이요 아래라는 뜻도 감추어져 있으니까요.

전통적인 농경사회에서 지배계층은 농민들의 피땀으로 배불리 먹고 살 뿐 땀 흘리고 일할 생각은 추호도 없었습니다. 저 무지렁이들을 농토에 붙잡아 두기 위해서는 가끔 그들의 기를 세워주고 마음을 달래주어야 했습니다. 농민들 스스로가 이 세상을 움직이는 최고의 일을 하고 있다는 자부심을 품게 만들어서 자신들을 먹여 살리도록 유인하기 위해 착안해 낸 것이 바로 농악의 선두에 크게 써 붙여 흔들고 다니는 그 글귀입니다. 요즘의 말로 하면 심리적 길들이기로 노예를 만드는 이른바 '집단적 가스라이팅'의 고전 버전이라 하겠습니다. 이 무슨 해괴망측한 망발이냐 하겠지만 한번 생각이 엇나가기 시작하니 자꾸만 엇나가는 것을 멈출 수 없습니다.

한편, 말년에 고향으로 돌아와 후학을 양성하던 공자와 플라톤은 자신들의 삶에 어떤 평가를 내렸을까요? 천하를 주유하다가 늘그막에 고향으로 돌아온 공자의 속마음을 알기는 어렵습니다. 제자들이 쓴 『논어』를 비롯한 많은 저서에는 '군자'에 이르는 높고 깊은 가르침들만이 즐비합니다.

플라톤 역시 마찬가지라 할 수 있습니다. '동굴의 비유'는 스승인 소크라테스를 민주주의의 이름으로 심판하여 죽게 만든 아테네 사람들의 어리석음을 한탄하고 깨우치기 위해 플라톤이 보낸 또 다른 웅변이라고 말할 수도 있습니다.

『논어』의 맨 처음에 실려 있는 글은 〈학이〉 편입니다.

모든 책의 첫 문장이나 글은 그 사람의 가장 중요한 신념이나 철학을 대변하고 있습니다. 『논어』에서도 〈학이〉 편을 처음 실어놓은 것은 공자가 배움을 가장 중요하게 생각했기 때문이라고 할 수 있습니다. 그런데 공자가 〈학이〉 편에서 말하고 싶었던 것은 우리가 익히 알고 있는 바처럼 후학들의 배움을 독려하는 것이 아니라 공자의 속마음이 담겨있다는 엉뚱한 상상을 해 보았습니다. 〈학이〉 편을 한 번 뒤집어 읽어보겠습니다.

다른 사람들이 나를 알아주지 않아도 성내지 않으니 (나는) 진정한 군자다.
(이렇게 초라하게 사는 사람임에도) 먼 곳에서 벗이 (잊지 않고) 찾아오니 즐겁구나.
(나처럼 무시당하지 않으려면) 더 열심히 공부해야 (다른 사람들의 인정을

받는) 기쁨을 누릴 수 있다.

어떻습니까?

첫 행의 저 말은, "진정한 군자인 나를 세상이 알아주지 않아서 뜻을 다 펼치지 못한 채 늙어가고 있으니 너무나 억울하구나."라는 자신의 속마음을 역설적으로 표현한 것은 아닐까요? 공자가 세상에 외치고 싶었던 속마음이 바로 이런 말이었을 겁니다. 그런 자신의 마음을 후학들의 배움을 권하는 말에다 슬쩍 끼워 넣는 묘수를 쓴 것입니다. 그렇게라도 해야 답답하고 울분에 찬 마음을 조금은 삭일 수 있었을 테니까요.

〈학이〉 편은 배우고 익히는 기쁨을 말하는 첫 문장이 아니라 자신이 군자임을 알아주지 못하는 세상에 대한 원망을 역설적으로 말하고 있는 세 번째 문장에 방점이 찍혀있다고 할 수 있습니다. 그러므로 〈학이〉 편은 거꾸로 다시 쓰여야 원래의 뜻이 완성된다고 하겠습니다.

시골노트

라오스에도 야구팀이 생겼다던데

"라오스는 부처님의 자비가 가득한 나라입니다. 그래서 여유와 한가로움이 넘치는 것일까요? 메콩강의 탁류에는 아직 부처님의 보은이 미치지 못한 모양입니다."

"야구에서 3할 타자면 수준급 선수입니다. 그런데 직관 3할이면 처참한 성적입니다. 열 번 가서 일곱 번 지고 겨우 세 번 이기는 셈이니. 그래도 어쩌겠습니까? 직관 필패! 야구의 속설이 그런 것을."

제5장

삶에 대한 농담과 진담

문득 한 번 뒤를 돌아보고 싶은 때가 있습니다. 그곳에 마음 몇 조각을 남겨두고 온 까닭일까요? 잊지 못할 기억, 장소, 그리고 사람들…….

오래 보아야 아름답다

나태주 시인은 말합니다. "자세히 보아야, 오래 보아야 예쁘고 사랑스럽다."라고.

오래 본다는 것은 관심입니다. 흔히들 첫인상이 중요하다고 말합니다. 시각, 청각, 후각, 미각, 촉각 중에서 사물을 판단하는 가장 중요한 감각은 시각입니다. 여기에도 진화론적 역사가 스며 있습니다. 원시 인류에게 있어서 가장 중요한 것은 생존이었습니다. 맹수들에 비해 크기도 작았고 무기도 보잘것없었기 때문에 식량을 구하기 위해서 산이나 들로 나가서도 맹수나 적이 없는지 수시로 살펴야 했습니다. 미어캣 무리 중 한 마리가 항상 두 발로 서서 고개를 길게 빼고 주변을 살피듯 말입니다. 적들의 동태를 살피는 데 가장 유용한 방법은 눈으로 보는 것이었습니다. 그것은 멀리 있는 적들을 발견하기에도 가장 적합한 방법입니다. 만일 시각이 아닌 다른 감각을 사용하였다면 무리들이 위험에서 벗어나는 데 더 많은 희생을 감수해야 했을 것입니다. 그런 원시 인류들의 시각에 의지했던 습성은 오늘날까지 우리가 사물을 판단하는 우선적인 기준으로 굳어진 것이라 생각합니다.

 오래 본다는 것은 반복적인 살핌을 뜻하기도 합니다.
 목련 한 그루를 봄부터 다음 해 봄까지 바라본 적이 있습니다. 제가 바라본 것이 아니라 목련이 제가 근무하는 사무실 안을 살피고 있었다고 해야 맞을지도 모르겠습니다. 창밖에 있는 목련 한 그루가 높이 서서 제가 일하는 사무실을 내려다보고 있었습니다. 휴식 시간마다 바람도 쐴 겸 그 목련 곁으로 가서 올려다봤습니다.
 수령이 오래된 듬직한 백목련이었습니다. 그 목련은 봄에 꽃을 활짝 피우고 나면 매정하다 싶을 정도로 단호하게 꽃잎을 바닥에 흩뿌리고 이별을 고합니다. 바닥에 뿌려진 꽃잎들 역시 그런 매정함을 슬퍼하는 기색도 없이 그냥 그러려니 담담한 표정입니다. 그리고 나면 목련은 다시 초록 잎을 울창하게 피워 올려 푸른 둥지를 만들며 여름 내내 기쁨을 만끽합니다. 그러다가 가을이 오면 봄에 꽃잎들을 다 떨쳐 보냈듯이 잎들도 그렇게 떨쳐버리기 시작합니다. 그것이 오랜 임무이며 큰 책임이기라도 한 듯이. 그렇게 모든 잎이 다 떨어지고 줄기만 남았을 즈음 전혀 새로운 것이 발견됩니다.
 이파리가 떨어져 나간 가지 끝에 작은 순 비슷한 것이 보이더니 조금씩 커지기 시작합니다. 그것은 바로 다가올 봄에 필 꽃봉오리의 순이었습니다. 어머니 목련은 그 꽃을 품은 봉오리들이 얼지 않도록 단단하게 외피를 감싸고 정성을 기울여 보호합니다. 봉오리들은 윤곽이 잡히고 단단해져 갑니다.

그 작은 봉오리들을 보면서 목련의 정성과 노력을 저도 함께 응원하게 되었습니다. 부디 저 작은 생명의 씨앗들이 긴 겨울을 무사히 넘기고 아름다운 꽃으로 피어나기를. 그런 목련의 애씀을 응원하는 것은 저 혼자만이 아니었습니다. 다른 응원단이 또 있었습니다. 한 쌍의 직박구리였습니다. 직박구리 부부가 날마다 날아와서 봉오리들이 잘 자라기를 사무실이 시끄러울 정도의 열정으로 응원하고 있었습니다. 거기에 더해 오래전부터 목련 나무에 터를 잡고 있던 터줏대감인 거미도 무언의 응원을 보탭니다. 혹시나 어린 봉오리들을 상하게 할까 봐 주변으로 날아드는 파리와 곤충들을 가로막으며 용감한 전투를 벌입니다.

그렇게 저와 직박구리 그리고 터줏대감 거미의 응원까지 받으면서 긴 겨울을 무사히 넘긴 어느 날 아침, 그날따라 직박구리 부부는 요란한 몸짓으로 들썩이며 소란을 피웁니다. 목련 봉오리에 맺혔던 이슬 한 방울이 거미줄에 휘청하고 떨어지면서 가지가 흔들리나 싶더니 가지 끝에 달렸던 봉오리 하나가 하얗게 톡 터집니다. 순간, 직박구리 한 쌍이 크게 소리를 지르면서 푸드덕 홰를 치고 창공으로 날아오릅니다.

그렇게 그날 아침에 봄이 왔습니다.

하나의 사물을 오래 본다는 것은 쉽지 않은 일입니다. 사람들은 생각보다 지루해지기 쉬운 동물이기 때문입니다. 쉬이 새로운 것을 찾아 시선을 옮기게 마련이지요. 사람과의 관계도 마찬가지입니다. 오랜 친구가 묵은 장맛처럼 진하고 좋다고는 하지만 밋밋한 맛을 내기가 십상입니다. 그래서 우리는 다시 새로운 친구를 찾아 헤매기도 합니다.

그렇지만 어느 시점에는 결국 오래된 친구를 찾아 되돌아옵니다. 있는 듯 없는 듯 무미건조하지만 내가 힘든 일을 겪으면 제일 먼저 달려와 주고 오갈 데 없는 마음을 잠시라도 누일 수 있는 사람은 그 묵된장 같은 친구 아니겠습니까?

평생을 함께 살아온 배우자 역시 같은 맥락으로 이해되어야 할 것입니다. 살아오면서 미움과 원망이 많이 쌓였을 수도 있습니다. 모르는 사람끼리 만나 같이 살면서 어찌 좋은 일만 있겠습니까만, 그럴 때마다 서로를 조금만 더 오래 바라보는 것은 어떨까요? 그동안 쌓였던 원망과 아픔이 더 생각나서 상처가 덧날까요?

그렇게 바라보는 시선은 조금 더 너그럽기를 바랍니다. 처음에는 힘들더라도 시간이 지나다 보면 지금껏 알지 못했던 모습을 발견하게 될지도 모릅니다.

저도 아내의 얼굴을 한 번 더 찬찬히 바라봐야겠습니다. 늘어난 주름과 흰머리만 선명하게 보이겠지만 말하지 못하고 있던 마음속의 말들이 문득 들릴지도 모릅니다. 잠들어 있는 아내를 물끄러미 바라보고 있노라면 슬며시 눈을 뜬 아내가 물어올 듯합니다.

"……왜?"

저는 그때 여러운 미소를 띠며 말할 겁니다.

"……그냥!"

내 마음의 고향 광명천지

밤일, 가락골, 원노온사, 아방리, 사들, 동창골, 장절리, 도고내, 뒷골, 공세동, 노리실, 장터말. 이름만 들어서는 역사와 전통을 자랑하는 유서 깊은 시골 동네의 이름이 연상됩니다.

이 이름들이 서울과 하천 하나를 사이에 두고 있는 광명시의 자연부락 이름이라는 것을 알게 되면 깜짝 놀랍니다. 아직도 행정구역상의 명칭보다 오래전부터 내려오던 이런 이름들이 주민들에게는 훨씬 친숙하게 느껴지는가 봅니다.

영광, 안양, 광주 등 멋있는 이름들이 많지만 뜻으로만 따지면 광명도 몇 손가락 안에 듭니다. 다만 상상력이 조금 부족하지 않았나 하는 아쉬움은 남습니다.

빛을 뜻하는 광(光)이란 글자 속에는 밝다는 뜻이 이미 포함되어 있을 텐데 거기다가 밝다는 뜻의 명(明)을 겹쳐 쓴 것은, 좋은 것에다 좋은 것을 더하면 더 좋아질 것이라는 단순하고 순진한 발상을 보는 것 같습니다. 멋있고 예쁜 쪽으로만 집착하다가 오히려 넘친 느낌이 듭니다. "빛나되 번쩍이지 말아야 한다."든지 "넘치는 것보다 조금 부족한 것이 낫다."라는 선인들의 말처럼 과한 것보다는 차라리 조금 부족한 것이 낫지 않았을까 생각해 봅니다.

도시 이름이 왜 광명으로 명명되었는지에 대한 명확한 유래는 알 수 없지만 현재 광명7동 원광명 마을 이름이 '굉메' 혹은 '광메'였다는 데에서 유래되었다는 해석이 일반적입니다.

'굉메'나 '광메'가 비슷한 발음인 '광명'으로 바뀌었다는 해석은 역사적인 면이나 음운학적인 면을 따져봐도 왠지 빈약해 보이기는 합니다. 누구의 작명 솜씨인지는 모르지만 전국에서 몇 안 되는 멋들어진 이름이라는 사실만은 인정하지 않을 수 없습니다.

광명 산다고 하면 사람들의 반응은 대개 비슷합니다. "아, 광명 사시는군요?" 하면서 잘 아는 듯하다가도 긴가민가하는 반응들입니다. 그럴 때 딱 부러지게 설명하기가 모호하기는 저 또한 매한가지입니다. 사람들의 그런 느낌이나 설명하기 마땅치 않았던 저의 처지가 말해주듯 광명의 지리적 위치가 딱 그렇다고 할 수 있습니다.

광명시는 시흥시 서면 광명출장소가 1981년에 시로 승격되었습니다.

서울 영등포 권역의 인구 팽창에 대응하고 구로공단의 인력을 흡수하기 위한 전략적인 방편과 지역적 이해가 맞물려 서울 개봉동 일부를 더해서 급조된 도시입니다. 그러다 보니 서울도 아니고 경기도도 아닌 애매한 정체성 속에서 서울의 베드타운 역할을 하는 도시가 되어버렸습니다. 구로공단 건너편에 있는 도시라고 말하면 그제야 겨우 고개를 끄덕일 정도입니다. 이런 애매한 정서는 오래전에 이미 싹 터 있었습니다.

"경기도 시흥군 서면 광명리의 실룩거리는
입술 언저리에 붙어 있는 잡풀 몇 개만/버려놓은 비"
- 오규원, 「개봉동의 비」 중에서

현대 대표적 모더니즘 시인의 한 사람으로 평가받는 오규원의 「개봉동의 비」는 광명시의 이러한 지리적 위상을 잘 나타내 주고 있습니다. 광명이 '서울 끄트머리 변방의 진창길 논밭이 이어진 동네'라는 이미지를 벗어나는 데는 그로부터도 수십 년이 더 지나야 했습니다.

오규원은 실제로 1971년에 광명리에서 살았습니다. 하지만 시인은 그러한 이미지만을 간직한 채 광명시와 목감천을 사이에 두고 있는 서울시 개봉동으로 이사를 갑니다. 그곳에서 시인은 장미에 관한 많은 시를 남겼고 시인의 시비가 개봉동의 장미 넝쿨 울창한 주택가 공원에 세워져 있는 것도 그러한 연유입니다.

〈여고 졸업반〉이라는 노래로 잘 알려진 가수 김인순이 1975년 앨범을 낼 당시 살았던 곳이 광명시장 뒤편 광명초등학교 근처의 빌라라는 것은 잘 알려지지 않은 또 다른 일화입니다.

광명시는 살이 통통하게 오른 고구마가 가로로 길게 누워 있는 형상을 하고 있습니다.

고구마의 중앙 부분은 도덕산과 구름산 그리고 가학산이 가로로 길게 도시를 양분하고 있습니다. 그 산들의 서쪽은 광명동과 학온동, 동쪽은 철산동과 하안동 그리고 소하동으로 나뉩니다.

안양천과 목감천이 시 경계를 따라 양쪽으로 흐르고 저지대가 많다 보니 과거에는 장마철만 되면 상습 침수지역으로 명성을 떨치기도 하였지만 지금은 그 오명에서 벗어난 지 오래입니다. 광명에는 역사적 인물이나 유적이 그리 많지는 않은 편입니다.

시아버지인 인조로부터 사약을 받고 죽은 비운의 소현세자빈 민회빈 강씨의 사가가 광명이었고 묻힌 곳 또한 광명시에 있는 영회원입니다. 청렴결백의 상징인 오리 이원익 대감의 종택과 인조가 하사한 관감당이 문화재로 보존되어 있습니다.

또한 임진왜란 때 충무공 이순신과 함께 싸운 또 다른 이순신 장군인 무의공 이순신의 묘소와 조선 후기 문신인 정원용의 묘 또한 광명시에 있습니다.

광명 출신의 또 다른 인물 중에는 기형도 시인이 있습니다. 태어나기는 옹진군에서 태어났지만 광명시 소하동으로 이사하여 살았습니다. 광명시에서는 '기형도 문학관'을 건립하고 매년 기념행사를 여는 등 시인을 기리고 있습니다.

최근에는 폐광을 관광자원으로 개발해서 세간의 주목을 받기도 했습니다. 부동산 경기가 활황일 때는 광명시의 부동산이 전국에서 몇 손가락 안에 들 정도로 폭등하여 본의 아니게 이름을 날리게 된 경우도 더러 있습니다. 안양천변을 따라 산책로와 자전거길이 잘 조성되어 있고 화초들도 잘 가꾸어져 있어 산책과 휴식을 즐기기에 안성맞춤입니다. 안양천 뚝방길의 벚꽃이 만발하면 시민들의 발길로 땅바닥이 보이지 않을 정도입니다.

광명시도 이제 태어난 지 50년이 되어가는 중년입니다. 초창기의 진창 가득한 논밭과 즐비하던 판자촌만 기억하고 있는 사람들은 고층 아파트와 깔끔하게 정비된 도시로 변신한 광명을 보고는 상전벽해의 기분을 느낀다고 합니다. 그때 호박밭 천지였던 땅을 사 놓았더라면 지금 갑부가 되었을 텐데, 하고 농반진반으로 안목이 부족한 자신을 한탄하는 사람들의 기분을 알듯도 합니다.

새들은 둥지를 튼 곳이 고향일 테고 나무나 식물들도 씨앗이 움터 뿌리를 내리면 그곳이 고향이 되듯 사람 또한 터 잡고 살면 그곳이 고향일 것입니다. 지방에 갔다가 돌아올 때 광명에 접어들면 왠지 공기 자체가 아늑하게 느껴집니다. 이게 바로 둥지에서 느끼게 되는 편안함이겠구나, 하는 생각이 듭니다.

이 도시의 이름처럼, 모두가 밝고 환하게 웃으며 행복하게 잘 사는, '광명천지'가 되기를 바랍니다.

필리핀 댁 이멜다

시골에 사는 처남댁이 어깨를 수술하고 깁스까지 해서 홀시어머니의 식사도 제대로 챙겨드리지 못하고 있다는 말을 듣고 마음이 심란합니다. 내외간만 산다면 대충 끼니를 때우고 넘어가겠지만 시어머니의 식사를 챙기지 못해 안절부절못하고 있을 처남댁의 모습이 눈에 선합니다. 소식을 들은 처가 식구들이 돌아가며 짬을 내서 내려가 반찬이라도 만들고 밥이라도 챙겨주기로 한 모양입니다.

이번 일이 아니더라도 시골 처남댁은 항상 마음이 쓰이는 아픈 손가락과 같은 분입니다. 처남댁은 필리핀에서 시집을 왔습니다. 이른바 필리핀 댁입니다.

고향은 필리핀 최남단 다바오입니다. 필리핀 대통령이었던 두테르테가 오랫동안 시장으로 재직했으며 민다나오의 이슬람 무장 세력의 본거지가 있는 곳과 가까운 도시입니다. 우리나라에서는 그곳 일부가 여행 금지 지역으로 분류되어 매우 위험한 곳으로 알고 있지만 그곳 사람들은 평온하게 잘살고 있다고 합니다. 우리나라가 외국에서 볼 때는 언제 전쟁이 발발할지 모르는 위험한 분단국가라고 생각되는 것과 비슷한 느낌이라고나 할까요?

처남댁의 이름은 이멜다입니다. 미국식 풀 네임은 길지만 가족들은 모두 부르기 쉽게 이멜다라고 부릅니다. 동네의 어느 어른께서는 어떻게 그 먼 나라에서 같은 이씨 성을 가진 집으로 시집을 왔느냐며 신기하다고 말씀하십니다.

처남댁이 시집온 지는 20년이 넘었고 나이도 쉰이 넘었습니다. 처음 시집와서는 낯선 기후와 사람들에 적응하기 위해 무척 힘들었을 것입니다. 신랑하고도 말이 통하지 않았으니 모든 것을 혼자 감당하고 삭이어야 했을 그 안타까움은 말해 무엇하겠습니까. 처남 역시 답답하기는 매일반이었습니다. 손짓발짓을 해가며 의사소통을 하다가 한두 마디씩 우리 말을 익혀가면서 적응할 수밖에 없었을 것입니다.

처남댁이 짊어진 짐은 무거웠습니다.

시부모를 봉양해야 했고 그 많은 농사를 신랑과 단둘이서 감당하다시피 했습니다. 초봄부터 겨울까지 쉬는 날이 없었습니다. 그렇다 보니 새색시라고는 하지만 새벽부터 늦은 밤까지 논밭으로 나가 일하기에 바빠 오붓한 신혼을 만끽하고 신랑의 애틋한 정을 느낄 여유가 어디 있었겠습니까. 거기다가 함께 사는 시부모의 눈치도 보지 않을 수 없었습니다. 시어머니가 손발 짓으로 가르쳐 주는 한국 음식을 배우는 일도 만만치 않았습니다. 하지만 명민하고 손재주까지 좋은 처남댁은 그 모든 것을 혼자 익혀냈습니다.

결혼 생활 중에는 위기도 없지 않았습니다. 처남은 오랫동안 농사를 지으면서 살다 보니 힘든 일을 한 잔의 술로 풀곤 했습니다. 그 술이 조금씩 늘어 결국 간이 나빠져 급기야 병원에 입원하는 상황에 이르게 되었습니다. 퇴원해서 조금 자제하는가 싶다가 또다시 입원하는 일이 반복되었습니다. 더 이상 술을 마시면 정말 죽는다는 의사의 마지막 경고는 차치하고라도 처남 스스로도 더 이상 술을 마시면 큰일이 날 것을 직감했던지 정말 거짓말같이 딱 끊어버렸습니다. 이러다 신랑을 잃고 먼 타국에서 혼자되는 것은 아닐까 하는 두려움에 떨던 처남댁은 그제야 한숨을 돌릴 수 있었습니다.

처남댁은 참으로 유순한 분입니다.
그런 순함과 가족들에 대한 깊은 정이 필리핀 사람들의 고유한 인성인지는 알 수 없지만, 1년 내내 지은 농사를 이리저리 다 퍼주거나 동생들이 번번이 손을 내밀어도 싫은 내색 한 번 하지 않았습니다. 농사일이 힘들다는 표현도 한 적 없습니다. 시부모를 오랫동안 모신 공로를 인정받아 효부상을 받았을 정도의 효부이기도 합니다.
가족들은 다들 말합니다. 필리핀 처남댁이 아니고 우리나라 사람이 시집왔더라면 벌써 도망갔을 거라고. 누가 이 많은 농사를 지으며 시부모 봉양하면서 층층시하 동생까지 도와주며 살겠느냐고. 처남도 그런 고마움을 잘 알기에 한 해 농사를 끝내고 겨울이 되면 모든 것을 제쳐놓고 처남댁과 둘이서 필리핀 처가에 가서 한 달 정도 지내다 옵니다. 그보다 더 처남댁을 위로해 줄 수 있는 일이 어디 있겠습니까. 시부모 챙기는 것도 동생들이나 근처 사촌들에게 부탁하고 처남댁과 함께 훌쩍 떠나는 모습이 그렇게 멋있어 보일 수 없었습니다.

하지만 신은 모든 것을 다 주지는 않는 모양입니다.

처남 부부에게도 남모를 걱정이 하나 있었습니다. 아이를 갖지 못한 것입니다. 그것 때문에 마음고생도 많이 하고 병원 치료도 받았지만 끝내 아이를 갖지 못했습니다. 한때는 입양도 생각했던 모양인데 내외 둘이서만 잘살아가기로 마음을 바꾸어 먹은 후로는 편안해졌다고 합니다. 처남이 환갑이 되면 내외는 필리핀 처가로 가서 처가 식구들과 환갑을 겸한 잔치를 열 계획이라고 했습니다. 그때는 동생들도 모두 함께 가자고 했습니다. 경비는 자기가 부담하겠노라고. 함께 가서 축하해 주고 싶었는데 마침 코로나가 터지는 바람에 그 뜻을 이루지 못해서 안타깝고 미안했습니다. 아직 처남댁의 환갑이 남았으니 그때를 기대하고 있습니다. 이제 어깨 수술도 잘 끝났으니 앞으로는 농사일도 좀 줄이고 여유를 가지면서 사셨으면 좋겠습니다. 필리핀 댁 이멜다. 까무잡잡한 피부 때문에 더 하얗게 보이는 이를 활짝 드러내며 웃는 그 밝은 미소가 떠오릅니다.

한때 우리나라는 백의민족의 단일성을 주장하며 순수혈통을 자랑으로 여기던 시절도 있었습니다. 하지만 그것도 호랑이 담배 피우던 시절의 이야기입니다.

이제는 우리나라도 국제화시대라는 세계적인 트렌드에 발맞춰 살아가는 일원이 된 지 오래고 노동 시장은 외국인 노동자의 도움 없이는 명맥을 이어가기 힘들 정도입니다. 국제결혼도 자연스러운 현상으로 받아들여지는 추세입니다. 간혹 국제결혼으로 인한 여러 문제점이 사회 이슈로 불거져 관련 국가의 매스컴에까지 오르내리기도 했고 그런 모습이 국제결혼의 본질로 오해되기도 했습니다. 하지만 많은 다문화 가정들은 사회적 편견을 극복해 가면서 우리 사회에 빠르게 뿌리내리고 있습니다. 이러한 다문화 가족들을 진심으로 우리 사회의 일원으로 포용할 때야 진정한 세계 시민의 자격을 갖추게 될 것입니다.

주변의 다문화 가족들에게 마음을 열고 손을 내밀고 있는지 한 번 돌아볼 때입니다.

아들이 아버지가 되기까지

 아버님은 연로하셨습니다. 어머님과 나이 차이도 많이 나서 제가 늦둥이로 태어났을 때는 이미 할아버지라는 말을 들을 정도였습니다.
 연로한 아버님을 대신해서 자식들을 건사하는 일은 모두 어머님의 책임이었지만 땅 한 떼기 없는 집안의 여자로서는 만만치 않은 일이었습니다. 어머님은 아버지뻘 되는 남편과 다섯 자식을 먹여 살리기 위해 이웃 마을까지 다니면서 남의 집 논밭 일을 돕는 것은 물론이요 동네잔치나 상갓집에서 종일 일하는 것도 마다하지 않았습니다. 그렇게라도 하지 않으면 자식들 입에 풀칠도 못 할 만큼 절박한 상황이었습니다.
 그런 저희 집을 향한 동네 사람들의 측은한 시선과 쑥덕거림도 많았겠지만 저는 아무것도 느끼지 못하고 또래들과 잘 어울려 지냈으니 그나마 다행스러운 일이라 하겠습니다. 하지만 그런 처지는 누가 말해주지 않아도 자연히 알게 되고 그것은 혼자 꽁꽁 싸매고 있어야 하는 아물지 않는 상처로 남았습니다.
 초등학교 때 아버님이 돌아가신 후에도 달라진 것은 아무것도 없었고 오히려 상황은 악화되었습니다. 어머님은 여전히 자식들을 먹이기 위해서 아침이면 나갔다가 늦은 밤이 되어야 돌아왔고 살아가느라 치이고 힘겨워 자식들을 포근히 안아주는 살가움을 표현할 여유도 없었습니다. 그저 우리 엄마구나 하는 생각 정도였습니다.

군대를 제대하고 취직한 후에도 다른 꿈 같은 것은 꾸어본 적이 없습니다. 오직 하나, 배곯지 않고 가난에서 벗어나겠다는 생각과 빨리 결혼해서 살고 싶다는 생각뿐. 어려서부터 부모의 정을 받지 못하고 일찍부터 객지에서 혼자 생활했기 때문에 누군가 제 옆에 함께 있어 줄 사람이 그리웠습니다.

그때는 어머님도 연로해서 고향에서 자식들의 용돈에 의지해서 살고 계셨습니다. 잔정 없는 아들이 한 번씩 들를 때마다 어머님은 마치 멀리 있는 친척이 일부러 시간을 내서 문안이나 온 것처럼 황송할 정도로 고맙다는 말만 하셨습니다. 모든 청춘을 바쳤던 당신의 희생은 까마득히 잊어버리고 남들처럼 넉넉히 먹이지도 입히지도 공부시키지도 못한 것을 미안해하며 늙어서까지도 자식들 짐이 되고 있다고 죄스러워하셨습니다.

남자로의 매력도 없고 경제적인 능력은 더더욱 없던지라 늦은 나이에 결혼했습니다. 막상 결혼했지만 무일푼으로 시작한 상태에서 남매의 분윳값을 대기도 벅찼습니다. 외식이나 야외 나들이는 꿈도 꾸지 못하고 기껏해야 집 근처 안양천 둑방으로 유모차를 끌고 산책하는 것이 그나마 잠시 누릴 수 있는 생활의 여유였습니다.

가난이라는 짐이 저에게도 대물림되는 것은 아닐까 하는 불안감이 떠나지 않았습니다. 아내는 검소하고 지혜로워 적은 월급으로도 쪼개고 견디면서 살림을 잘해주었습니다. 둘이서 기를 쓰고 아끼면서 삼시 세끼 밥만 먹고 살았습니다. 반찬이라고는 김장 김치를 백 포기 담아서 마당에 묻어놓고 1년 내내 먹었습니다. 시래깃국과 김칫국도 끓여 먹으며 견디었습니다.

수원에 살고 있던 손위 동서와 처형이 많이 도와주었습니다. 빠듯한 저희 살림을 처형도 잘 알고 있었지만 달리 경제적으로 도와줄 형편은 못 되었기에 그나마 틈틈이 와서 살림을 챙겨주고 해마다 김장을 도와줬습니다.

두 아이가 제비 새끼 같은 잇몸을 하얗게 보이면서 웃는 모습만 봐도 행복했습니다.

그 삐악거리는 새끼들을 보고 있노라면 힘과 용기가 절로 솟구쳤습니다. 하지만 다짐과 마음만으로는 현실을 이겨낼 수 없었습니다. 아내가 부업까지 하며 아무리 아끼고 절약해도 뻔한 월급에 들어가는 돈은 항상 수입을 넘어섰습니다. 그러는 중에도 남매는 예쁘게 잘 자라 주었습니다. 장마철 죽순 크듯 날마다 쑥쑥 커가는 남매를 보면 먹지 않아도 배불렀습니다. 제 논에 물들어가는 것과 제 새끼 입에 밥 들어가는 것이 제일 기쁜 법이라 했습니다. 아이들이 예쁘게 웃어주고 건강하게 커가는 것만으로도 우리가 받을 효도는 넘치게 받았다고 생각했습니다. 아내 손을 꼭 잡으면서 이렇게 말했습니다. 당신은 내가 죽을 때까지 책임질 테니 죽이 되건 밥이 되건 나만 따라오라고, 행여라도 애들한테 손 벌리지 말고.

아이들에게도 이렇게 말했습니다. "내 마누라는 내가 책임질 테니 네 마누라는 네가 책임져라." 일종의 마누라 독립채산제 같은 것입니다.

두 아이는 대학을 마치고 직장 생활을 하고 있습니다. 둥지를 벗어나 힘찬 날갯짓을 하며 홀로서기를 시작한 것입니다. 저 여린 아이들이 잘 버텨낼지 늘 걱정되지만 다행히 아이들은 씩씩하게 잘살아가고 있습니다. 아이들에게는 이런 말을 해 주고 싶습니다.

"어떤 것이든 너희들이 하고 싶은 일을 하며 살아라. 그것이 행복하게 사는 길이다. 돈은 살아가는 데 꼭 필요하고 어느 정도는 있어야 하지만 돈 자체가 목적이 되어서는 안 된다. 그것은 꿈과 희망을 이루기 위한 조건일 뿐이지 돈으로는 결코 행복한 삶을 이룰 수 없다."

이 말이 아직 늦지 않았기를 바랍니다.

좋은 자식은 되지 못했기에 좋은 부모라도 되어 보려 했지만 그 역시 이루지 못했습니다. 경제적인 도움이나 물려줄 재산은 없지만 그저 아이들이 가는 길을 멀리서 지켜보고 응원하면서 살고자 합니다. 앞으로도 이와 크게 다르지 않기를 바랍니다.

제가 지금껏 살아온 방식들과 생각들은 모두 어린 시절 아버님과 어머님이 살아가던 모습을 보며 자연스럽게 체득한 반성적 실천이었습니다.

    지금쯤 고향 마을 뒷산 양지 녘에 두 분이 나란히 누워 막내아들과 며느리 얘기로 도란도란 이야기꽃을 피우며 멀리 섬진강 변 도로에 버스가 지나가는 것을 바라보고 계실 것입니다.

    일간 시간을 내서 산소에 한 번 들렀다 와야겠습니다.

욕망의 바벨탑 아파트

　서울은 아파트 숲에서 해가 뜨고 아파트 숲으로 집니다.
　대한민국 국민의 아파트 사랑과 집착은 유별납니다. 도시 전체가 아파트라는 획일적인 주거 공간으로 만들어지다시피 한 도시는 세계 어디에도 그 유례를 찾아보기 힘듭니다.
　이러한 전 도시의 아파트화 현상은 '아파트 공화국'이라는 신조어를 만들어내기도 했습니다. 우리나라 수도 서울의 이런 모습은 외국인에게도 낯설고 특이한 현상이었던가 봅니다.
　오죽했으면 프랑스 지리학자인 발레리 줄레조 교수는 대한민국 서울의 아파트 집중 현상을 박사 학위 연구 논문으로 발표하고 『아파트 공화국』이라는 책을 출간하여 프랑스와 한국 양국에서 상당한 반향을 일으킨 바 있습니다.
　이러한 모습은 실소에 찬 상상의 나래를 펼치게 만듭니다. 고도의 지능을 가진 우주 생명체가 서울이라는 도시의 또 다른 파놉티콘을 이해하기 위해 대대적인 연구를 시작하지만 아무런 답을 찾지 못하고 결국

'우주 7대 불가사의'로 지정하는 정도로 마무리하고 말 것이라는 웃지 못할 상상입니다.

아파트가 처음 만들어진 나라에서도 이미 실패한 모델로 여겨지는 주거 양식을 대한민국화하게 된 동기는 이렇게 설명되고 있습니다.

짧은 시간 동안의 압축적 근대화는 많은 사람의 도시 유입을 초래했고, 좁은 공간에 그 인구를 모두 수용하기 위한 어쩔 수 없는 선택이 아파트인데, 이것이 수요와 공급의 불일치와 맞물려 사람들의 선호도가 급격히 높아지게 되었다는 것입니다.

설명을 여기서 그친다면 그것은 아파트가 거대한 투기상품이 된 현실을 흐리거나 숨기는 말입니다. 이러한 현상은 지방으로까지 들불 번지듯 퍼져 지방 도시에도 속속들이 아파트가 지어지고 가격이 폭등하는 도미노 현상이 벌어지기도 합니다. 서울을 비롯한 수도권에서는 아무리 아파트를 지어대도 수요를 따라잡지 못합니다. 결국 정부에서는 추가 신도시 후보지를 발표하기에 이르지만 우리 국민의 아파트 사랑은 식을 줄 모르고 그 종착역이 어디가 될지는 아무도 알 수 없습니다. 이러한 형국은 19세기 네덜란드에서 튤립 줄기에 매달려 외줄 사다리를 타던 모습을 연상시킬 만큼 위태롭습니다.

사태가 이렇다 보니 정권이 바뀔 때마다 아파트로 대표되는 부동산을 안정시키는 것이 최우선 과제로 떠올랐고 부동산 가격이 정권의 운명을 좌우하다시피 하게 되어 모든 위정자는 아파트 가격 통제에 명운을 걸지 않을 수 없었습니다.

정책 집행자들이 바라는 부동산 경기는 시골집 안방의 윗목처럼 뜨뜻미지근하게 유지되는 것입니다. 아랫목처럼 절절 끓어 폭등하게 되면 막대한 세수를 얻을 수 있지만 집을 가지지 못한 사람들의 상대적 박탈감과 원성을 감당해야 하고 그것이 결국 선거 때 표로 직결되니 어떻게 해서라도 그 열기를 식히기 위해 모든 정책 수단을 집결하지 않을 수 없습니다. 반대로 차갑게 식어버리는 것도 정부는 바라지 않습니다. 부동산에서 거둬들이는 무시할 수 없는 세금이 줄어들기 때문에 국정을 운용하는 정부로서는 마냥 반길 수만도 없습니다. 부동산 가격이 떨어지면 거래량이 오히려 줄어들고 덩달아 아파트 건설 경기가 위축되기 마련입니다. 그것이 경기침체로 이어지는 악순환을 가져오기 때문에 이 또한 정부가 바라는 바는 아닙니다.

집을 가지지 못한 사람들에게 좋은 말이야 듣겠지만 말이 아니라 돈으로 정책을 집행하는 정부로서는 이러지도 저러지도 못하는 딜레마에 빠질 수밖에 없습니다. 그 때문에 아파트 가격은 차갑게 식는 것보다 손을 데지 않을 정도로 약간 뜨뜻하게 유지되는 것이 위정자들이 바라는 이상적인 현상이라 하겠습니다. 그렇지만 아파트는 그들의 희망을 비웃기라도 하듯 항상 중간은 없고 뜨겁거나 차갑거나 둘 사이를 왔다 갔다 합니다.

현 정부에서도 아파트 때문에 골머리를 앓고 있습니다.

강남을 중심으로 아파트값이 폭등하는 조짐이 보이자 대출을 조이고 분양가 상한제라는 마지막 칼을 뽑겠노라고 으름장을 놓으며 여론과 시장 분위기를 살피고 있지만 그 약효마저 장담할 수 없는 것이 현재의 분위기입니다. 자칫 잘못하면 더 큰 화를 자초할 수 있기 때문에 마지막 칼마저 쉽사리 뽑지 못하고 있습니다.

여기에다 국민들의 학습효과도 정부를 애타게 하고 있습니다. 현 정부의 부동산 정책도 결국 과거 정부와 별반 다르지 않을 것이라는 게 많은 국민의 생각 같습니다. 노무현 정부도 부동산 때문에 임기 내내 골머리를 앓으면서 수많은 정책을 쏟아냈지만 부동산 폭등을 막아내지 못했으며 그 후의 정부에서도 마찬가지였습니다.

결국 아파트 가격은 우상향 사인파를 그리며 오를 수밖에 없다는 학습효과는 정부의 온갖 위협과 전문가들의 충고를 비웃기라도 하듯 사람들을 연일 모델하우스로 몰려가게 만듭니다.

불나비처럼 아파트 투기 대열에 뛰어든 사람들을 마냥 매도할 수만도 없습니다. 누구는 아파트를 분양받아서 수천만 원을 벌었네, 수억 원을 벌었네 하는 소문과 사실들이 공공연하게 입에 오르내리는 현실에서 그 사람들에게 누가 돌을 던질 수 있겠습니까?

아파트는 결코 투자상품이 아니라는 양치기 소년의 외침에도 국민들은 더 이상 속지 않습니다. 그럴수록 다시 아파트값이 오를 것이라는 신호로 받아들이기도 합니다. 정부의 그런 말을 믿고 임대아파트에 들어가서 산 사람들만 바보가 되었고 아파트를 샀던 사람들은 떼돈을 벌었음에도 불구하고, 아직도 정부는 초등학생 가르치듯 가르치려고만 하고 있으니 안타까울 따름입니다.

부를 축적하려는 인간의 바벨탑과 같은 욕망은 근원적입니다. 그것이 튤립이든 동인도회사의 채권이든 아니면 아파트가 되었던지 시대에 따라 그 형태와 수단만 달라질 뿐입니다.

이렇게 무작정 아파트를 지어대다 보면 인구가 줄어들고 노령인구가 늘어나면서 일본과 같은 도시 슬럼화가 일어날 것이라는 학자들의 경고는 귀담아들어야 할 금언입니다. 그러나 다른 사람의 고통이 아무리 크다고 해도 내 얼굴에 난 작은 뾰루지가 주는 아픔보다 클 수는 없습니다. 지금 당장 내 아파트 하나 마련하지 못하고 임대아파트를 전전하고 있는 마당에 먼 훗날의 아파트 슬럼화가 무슨 상관이겠습니까?

이 거대한 콘크리트 구조물들이 생명을 다하는 날이 머지않았다고 해도 사람들은 아직 아파트 위에서 태양이 뜨고 지는 모습을 보며 살고 싶어 합니다. 내일은 내일의 태양이 뜨겠지만 그 태양은 내 아파트 위에서 뜨는 태양이길 원하고 있습니다.

슬프지만 어쩔 수 없는 그 바람에 부응하기 위해 서울의 태양은 오늘도 아파트 위에서 뜨거운 땀을 흘리고 있습니다.

한국 남성의 숙명적 통과의례

2019년 2월 3일 오전 9시가 채 지나지 않아서 오산 공군작전사령부 정문에 도착했습니다.

잠시 후 모자에 예비군 마크를 단 아들이 위병소를 나오자마자 달려가서 꼭 안아주었습니다. "전역 축하해, 수고 많았어!" 가지고 온 꽃다발을 전해 주었습니다.

아내는 집에서 식사를 준비하겠다고 혼자 가서 데리고 오라고 했습니다. 그 또한 집으로 돌아오는 아들에게 따뜻한 밥을 직접 지어 먹이고 싶은 엄마의 마음입니다.

부대를 떠나기 전에 사진 한 장을 찍고 근처 식당에 자리 잡았습니다. 갈비탕 두 그릇과 맥주 한 병을 시키고 식사가 나오기 전에 한 잔씩 들이켜고 나니 그제야 안도의 한숨이 나옵니다. 아들은 그렇게 무사히 2년의 군대 생활을 마치고 전역했습니다. 표현하지는 않았지만 군 생활 하는 아들 못지않게 저도 꽤나 마음 앓이를 했던가 봅니다.

신병 훈련소에 입대하던 날 입소식을 마치고 내무반으로 들어가는 아들을 향해 인파 속에서 까치발을 하며 크게 이름을 불러 보지만 머뭇머뭇 두리번거리기만 하는 아들을 보면서 발을 동동 굴러야만 했던 마음은 아직도 어제 일처럼 선합니다. 입대하고 일주일이 지날 무렵 입고 갔던 옷을 담은 상자가 도착했습니다. 그 어수선하고 짧은 시간에 상자 위에 휘갈겨 써 보낸 편지를 읽으면서 아내는 하염없이 눈물을 훔쳤고 저 또한 눈시울을 붉히지 않을 수 없었습니다.

어머니 저는 훈련소에서 별 탈 없이 잘 지내고 있습니다.
어머니 보고 싶습니다. 보고 싶을 때마다 가족사진을 보며 달래고 있습니다.
어머니 사랑합니다. 하루빨리 수료식 날이 오면 좋겠습니다.
어머니 익숙하게 느껴지고 당연하다 느껴지던 광명의 모든 곳이 그립습니다.
수첩에 있는 서울시 지도에 다행히 광명시도 보입니다.
그걸 보며 매일매일 참고 달래고 있습니다.
어머니 훈련 잘 받겠습니다. 건강한 모습으로 수료식 때 뵈었으면 좋겠습니다.
어머니 울지 마시고 몸 관리 잘하시기 바랍니다.
힘들어도 꾹 참고 열심히 훈련받겠습니다.
수료식 끝나면 광명에 가서 맛있는 밥 먹고 싶습니다.
그날만 기다리며 참고 꾹 참고 참아서 최고의 기쁨 누리겠습니다.
보고 싶습니다. 사랑합니다. 어머니.

아들의 군대 생활은 험난했습니다. 후반기 교육을 받던 어느 날 망막이 결절되어 큰 수술을 받아야 했습니다. 문에 발라 놓은 창호지의 가장자리가 약해져서 떨어진 것과 비슷한 현상이라고 합니다. 어릴 때부터 시력이 좋지 않았던 아이가 갑작스러운 환경변화에 스트레스가 겹쳐 이런 일이 벌어진 것이라 짐작됩니다.

급하게 집으로 돌아와 예약해 놓은 대학병원에서 밤 10시 무렵에 시작된 수술은 자정이 지나서야 끝났습니다. 다행히 수술 결과는 좋았습니다. 수술을 마치고 2주 동안 요양한 후 다시 부대로 복귀했습니다. 귀대하던 날 아들은 뜻밖으로 의연했습니다. 그래서 잘 이겨내고 있구나, 하고 기특하게 생각했지만 당시 아들에게는 어떤 선택지도 없었기 때문에 싫어도 표현하지 못했을 뿐이었다는 것은 그로부터 한참 후에 들어 알게 되었습니다.

아들은 후배 기수들과 후반기 교육을 다시 마친 후 오산으로 자대 배치를 받았습니다. 정기적으로 치료를 받아야 했기 때문에 집과 비교적 가까운 곳에 배치되어 다행이었습니다. 사고 후로는 전화 한 통만 와도 가슴이 덜컹거리고 꿈자리가 어수선하면 혹시나 하는 마음에 일이 손에 잡히지 않았습니다.

'요즘 군대는 군대도 아니다.'라는 말은 아테네 신전 벽에 휘갈겨 있었다던, '요즘 아이들은 철이 없다.'라는 낙서와 마찬가지로 기원이 오래되었습니다. 지금 막 제대한 예비역들도 민방위 훈련을 받을 즈음에는 같은 말을 하고 있을 것입니다. 요즘 군대는 군대도 아니라고.

한국 남성에게 군대는 피할 수 없는 통과의례라는 말로는 그 의미를 다 담아낼 수 없는, 숙명과도 같습니다. 대한민국 남자들은 현역이든 공익이든 아니면 면제를 받든지 간에 어떤 형태로든 군대 문제를 해결하지 않고서는 그다음 여정은 꿈도 꾸어볼 수 없습니다.

2년이라는 희생 아닌 희생을 그저 국민의 의무라는 한 마디로 정당화시킨 것에 대한 다양한 보상책이 제시되고 있지만 한편에서는 남녀 간 사회적 갈등의 진원지가 되기도 합니다.

2년의 군대 생활은 어떤 가치가 있을까요?

분단 조국의 현실적 요구와 필요성을 제외한다면, 피 끓는 청춘들을 2년 동안 규율과 강제적 위계질서로 길들이고자 하는 생활은 아무리 좋게 해석해도 긍정적인 면을 별로 찾을 수 없습니다. 억지로 한 가지 정도를 꿰맞춘다면 이런 정도입니다. 군대 갔다 오면 조금 철이 든다고. 당연하게 생각했던 부모와 가족들의 소중함을 알게 되고 앞으로 살아갈 길에 대해 조금 더 깊이 생각해 보게 된다는 정도의 말일 것입니다.

아들도 힘들게 군대 생활을 마쳤으니 전보다 더 깊고 진중해졌기를 기대했습니다.

그런데 옛말 하나도 틀린 게 없나 봅니다.

해가 중천을 넘어가도록 일어나지 않는 아들 방을 보면서 한숨을 치쉬었다 내리 쉬었다 하며 아내는 또 중얼대고 있습니다. "군대 짬밥 한 달이라더니 생판 거짓말이구먼, 한 달이 다 뭐야 일주일도 못 가. 하나도 변한 게 없어, 군대 가기 전보다 더하면 더했지, 아이고 내 팔자야."

첫 휴가 나온 아들을 얼싸안고 엉엉대던 그 엄마가 맞나 싶어서 실소를 머금으면서도 저 역시 그 말에 공감하고 있습니다. 오늘도 해가 서산에 걸려서야 밥 달라고 부스스 일어나겠구나.

하지만 이해하기로 했습니다. 저도 그랬으니까요.

아들은 아직 한국 남자들이 저승사자보다 더 무서워한다는, 군대에 다시 끌려가는 꿈을 꾸고 있을지도 모릅니다. 군대는 벌써 갔다 왔다고 몇 번을 말해도 소용없고 전역증을 보여주며 아무리 애원해도 막무가내로 끌려가다가 겨우 깨게 된다는 그 악몽!

상선약수

노자의 큰 가르침 중 하나인 '상선약수(上善若水)'라는 경구를 저 같은 장삼이사가 어찌 다 이해하고 헤아릴 수 있겠습니까?

물은 위에서 아래로 자연스럽게 흐르면서 빈 곳은 채워주고 막힌 곳은 돌아가며 다른 물과 아무런 갈등 없이 자연스럽게 섞이고 함께 흘러 결국에는 큰물에 이릅니다.

그러한 물의 가르침을 한마디로 표현하면 이런 것이 아닐까요? '자꾸 간섭하지 말고 그냥 내비두면(?) 저절로 다 이루어진다.'

물을 오랫동안 바라볼 수 있는 여유가 있다면 물의 의미를 조금이나마 엿볼 수 있을 것입니다. 하지만 그것은 시간이 넉넉하다 못해 주체하지 못할 정도로 넘치는 사람이거나 사는 집이 호수나 강변처럼 적어도 집 가까이 물이 있는 환경이 아니고서는 그런 행운을 얻기 어렵습니다. 저는 어찌하다 보니 먹는 물을 만드는 곳에서 근무할 기회를 얻을 수 있었습니다. 생수를 만드는 공장은 아니고 정수장입니다. 덕분에 물의 흐름과 냄새와 맛까지 가까이서 관찰할 수 있는 행운을 얻을 수 있었습니다.

멀리 팔당호에서 열두어 시간을 캄캄한 관로를 타고 도착한 물은 온갖 혼탁한 이물질이 뒤섞여 있습니다. 심지어 붕어인지 잉어인지 새끼 물고기들도 함께 딸려 들어 옵니다. 그 캄캄한 통로를 정신없이 흐르고 부딪히고 흔들리고 소용돌이치면서 도착한 곳은 원수가 모이는 착수정입니다. 이 물들이 가고자 했던 곳은 태곳적 어미의 품이 느껴지는 서해의 큰물이었을 터이지만 우연이 겹치고 더해지면서 전혀 다른 이곳으로 오게 되었음에도 어떤 후회나 되돌림 같은 것은 보이지 않습니다. 그 물들은 이렇게 말하는 것 같습니다.

"이곳이 내가 가고 싶었던 곳은 아니지만 어쩔 수 없잖아, 또 흘러가다 보면 언젠가 그곳에 다다를 때가 있겠지."

정신없이 착수정에 도착한 물은 침전지에서 겨우 정신을 차립니다. 온통 지저분하고 더러운 찌꺼기로 더럽혀진 자신의 몸을 살펴볼 여유도 가지게 됩니다. 더불어 이곳에서 그동안 휘몰아치던 광란의 질주를 멈추고 가쁜 숨을 고르며 조금 휴식을 취합니다. 무거운 것은 아래로 가라앉고 가벼운 것은 위로 올라간다는 이치를 정확하게 재현한 곳이 이 침전지입니다. 이곳에서 물은 아직 다 털어버리지 못한 속세의 찌꺼기들을 천천히 가라앉히면서 본래의 성정을 조금씩 되찾아갑니다. 침전지를 완전히 지날 무렵이면 모든 잡생각과 온갖 번뇌들을 다 내려놓고 원래의 순수한 물성에 점점 가까워집니다. 마지막 남은 미망과 삿된 마음을 가늘고 작은 자갈과 모래의 틈 속에 마저 떨쳐버리고 나면 그제야 처음 태어났던 순수한 상태에 도달합니다.

팔당호수의 혼탁한 물이 산을 넘고 길을 건너 수돗물이 되기까지의 큰 여정을 돌아보면 이 역시 노자가 설파했던 물에 대한 가르침에서 크게 벗어나지 않는다는 것을 알 수 있습니다.

물은 높은 곳에서 낮은 곳으로 자연스럽게 흘러가도록 내버려두어야지 그것을 억지로 막고 돌리면 사달이 나게 마련이라는 기본 이치입니다. 이런 이치는 정수장에서 수돗물을 생산하는 과정에도 그대로 적용되고 있습니다.

수돗물을 만드는 각 공정은 인위적으로 만들었으되 그것은 물이 높은 곳에서 낮은 곳으로 자연스럽게 흐르도록 배치하고 인공적인 작용은 흐름을 방해하지 않는 범위에서 이물질과 세균들을 없애기 위한 최소한의 간섭에 그칩니다.

큰 뜻은 오랜 수양을 통해서 점차 깨칠 수 있다고 했습니다. 수돗물이 바로 그렇습니다. 오랜 시간 동안 정성을 들여야 비로소 맛있는 물이 완성됩니다. 하지만 수도꼭지만 틀면 언제든지 물이 쾀쾀 흘러나오기 때문에 그 이면에 있는 수많은 수고와 땀은 잊혀집니다. 그래서 우리는 지금도 물 쓰듯 물을 쓰고 있는 것 아니겠습니까?

가끔 웃지 못할 일도 생깁니다. 저의 이름 때문입니다. 제 이름이 '오수'이다 보니 많은 사람이 말합니다. 정수장에 '오수'가 있으면 제대로 된 수돗물이 만들어지겠느냐고. 요즘 수돗물에서 자꾸 이상한 냄새가 나는 것 같더니 이것 때문 아니냐고 농담 아닌 농담을 하곤 합니다. 처음에 그런 말을 들을 때는 괜히 언짢고 안절부절못했는데 그것도 몇 해 겪고 나니 단련이 되어 그런 말이 나오기 전에 먼저 받아칩니다.

저의 이름은 돈오점수(頓悟漸修)의 오(悟)와 수(修)자를 따서 지은 이름이다, 수돗물도 돈오점수와 같이 오랫동안 정성을 들여야 좋은 품질이 나올 수 있다, 우리 수돗물의 맛과 품질이 우수한 것은 이런 심오한 이름을 가진 제가 근무하기 때문이라고.

거짓말입니다. 저의 아버님은 제가 다섯째 아들로 태어났다고 '오수(五守)'라고 지었습니다.

인간의 삶은 흔들리고 출렁이고 헤매면서 조금씩 균형과 평정을 찾아가는 물의 속성과 닮았습니다. 참 진리를 표방하는 다양한 종교 경전이나 고매한 철학자들의 금언에 비하면 물이 주는 지혜는 하잘것없는 것일지도 모릅니다. 그 속에 어떤 교훈이 들어있다는 사실마저도 확신할 수 없을 정도지만, 그 자연스러운 흐름 속에 숨어 있는 작지만 큰 가르침을 잊지 않으려는 마음 하나만이라도 간직하며 살 수 있었으면 좋겠습니다.

벚꽃비 내리는 안양천 산책

괴테는 강박적일 만큼 시간에 맞춰 산책해서 사람들이 괴테가 산책하는 것을 보고 시계를 맞추었다는 일화는 유명합니다. 발터 벤야민은 근대 파리를 산책자의 입장에서 연구한 방대한 저서를 출간하기도 했으며 많은 학자와 작가들의 산책에 대한 찬사는 현재진행형입니다.

저녁을 먹고 나서 집 근처 안양천으로 산책하러 나가는 것이 일상이 되다시피 했습니다.

안양천은 안양에서 발원해서 군포, 의왕을 거쳐 광명과 금천, 구로, 영등포, 양천, 강서를 두루 지나 한강으로 합류하는 30여 킬로미터의 하천입니다.

한때는 오염의 대명사로 불리기도 했습니다. 그것이 불과 10여 년 남짓한 일이니 그리 오래된 일도 아닙니다. 그도 그럴 것이 안양천이 지나는 도시의 많은 공장과 구로공단으로 불리던 지역이 안양천과 인접해 있었기 때문에 하천 오염은 피할 수 없는 운명이었습니다. 이런 안양천이 맑게 변신한 것은 하천 유역 지자체들의 집중적인 하천 정비와 생활하수의 무단 유입과 공장 폐수의 방류를 지속적으로 단속하는 등 수십 년에 걸친 노력 끝에 얻어진 결실입니다. 하천이 살아남에 따라 생태계도 몰라보게 바뀌었습니다. 청둥오리를 비롯한 50여 종 이상의 다양한 조류가 서식하고 있으며 봄이 무르익을 무렵이면 산란기의 잉어들이 떼를 지어 몰려다니며 물결을 일으키는 모습은 안양천의 흔한 풍경이 되었습니다.

안양천은 철마다 다른 매력과 장관을 선사합니다. 목련이 하나씩 꽃잎을 떨구고 수줍은 새악시 볼처럼 맺혀있던 벚꽃이 톡톡 터지기 시작하면 본격적인 봄이 펼쳐집니다. 그 뒤를 진달래와 영산홍의 붉은 꽃망울이 뒤따릅니다. 간밤의 비에 벚꽃이 대지를 적시기 시작하는 낙화의 계절이 오면 유채들이 일제히 피어납니다. 기회를 엿보던 튤립들도 다투어 꽃망울을 맺고 그 옆의 장미원에서는 붉고 노랗고 하얀 장미꽃들이 덩달아 신이 납니다.

넓게 펼쳐진 갈대숲도 일품입니다. 파랗게 우거진 갈대숲에서는 바람의 속삭임이 들려옵니다. 나목의 가지 위에 위태롭게 서성이다가 겨우 지친 몸을 누이고 있는 바람의 모습이 보이지 않습니까? 바람의 모습이라니. 춤추는 무용수를 보면 춤의 모습이 보이듯 바람의 모습도 갈대의 움직임을 보면 알 수 있습니다. 무성한 저 갈대밭을 지날 때는 바람의 속삭임도 한번 느껴 보시기 바랍니다.

이렇게 편안한 휴식처로서 변신한 안양천은 또 다른 아픔도 간직하고 있습니다. 광명에서 안양천 건너편으로 보이는 지역이 흔히 말하던 구로공단입니다.

지금은 구로디지털단지라는 이름으로 바뀌었고 지식산업센터라는 최신 빌딩들로 가득하지만 과거 한때는 공순이 공돌이라는 이름으로 우리 누이와 형제들이 밤낮없이 일하던 곳입니다.

하천을 가로지르던 나무다리는 이제 깨끗한 콘크리트로 단장되었지만 아직도 해가 지고 어둑해지면 고개를 푹 숙이고 터벅터벅 기숙사로 돌아오는 여공들과 야간 근무를 위해 그믐달을 보며 다리를 건너는 또 다른 형들의 모습이 아른거립니다. 안양천에 놓인 다리는 구로공단 노동자들의 애환을 오롯이 간직한 또 다른 증거입니다.

멀리 짙은 안개에 싸인 뚝방 위에 쓰러질 듯 오래된 집 한 채가 보이는 듯합니다. 그 집을 홀로 지키며 '열무 삼십 단'을 팔러 나간 어머니와 신문 배달을 간 누이를 기다리며 얼핏 잠들었다 깨어난 어린 기형도의 모습이 보입니다. 학교에서 받은 학력 우수상을 아무에게도 보여주지 못하고 종이배를 만들어 안양천에 띄워 보내야 했던 수줍음 많은 까까머리 중학생 기형도, 그가 살았던 곳이 안개 자욱한 안양천변의 허름한 집입니다. 기형도 문학관에 사진으로 흔적만 남아 있는 그의 생가는 그와 가족들이 짊어져야 했을 삶의 신산함을 짐작하게 합니다. 안양천 뚝방 위에 철판으로 새겨놓은 그의 시비 열네 점은 스물여덟 해의 짧은 삶을 살다 간 시인에게 어떤 위로가 되는지, 위로가 될 수는 있을 것인지, 아니면 '미안하지만' 그가 우리에게 남긴 희망으로 우리가 위로를 받고 있는 것인지.

    광명시의 맨 끝인 철산동에서 시작한 안양천 산책은 하안동을 지나 안양시와 경계가 되는 소하동에 이르러서야 발길을 돌립니다. 여기까지 오는 데 3시간 걸렸으니 되돌아가면 6시간은 족히 걸릴 것입니다. 누가 산책이 아무런 운동도 되지 못하고 한가롭게 노니는 정도라고 했을까요.
    돌아올 때는 하천변으로 내려와서 걷습니다. 하천변을 따라 인도와 자전거길이 한강까지 시원스럽게 뚫려 있습니다. 하천변에도 산책 나온 사람들로 붐빕니다.
    특이한 현상이라면 애완견을 데리고 나온 사람들이 부쩍 많아졌다는 것입니다. 아이들을 데리고 나온 가족들보다 더 많아 보일 정도입니다. 애완견을 데리고 나온 사람들을 보니 저출산으로 고민하는 대한민국의 현주소를 보는 것 같아 씁쓸합니다.
    서울과 광명시의 경계를 나눌 당시의 안양천은 지금과 달랐습니다. 구불구불했던 안양천을 곧게 펴고 둑을 쌓아 지금과 같아졌지만 처음 나누었던 서울과의 경계는 미처 조정하지 못한 채 그대로 두었습니다. 그러다 보니 광명시에 서울 땅이 있는가 하면 서울 쪽에도 광명시 땅이 남아 있는 기현상이 벌어졌습니다. 이러한 불합리를 조정하고자 한때 서울 땅과 광명 땅을 맞바꿔서 경계를 조정하려고 했지만 주민들의 극렬한 반대로 무산되었습니다. 서울 주민들로서는 광명시보다 서울시에 남아 있는 것이 집값이나 여러모로 유리하다고 생각했기 때문일 것입니다. 명목상이지만 대한민국 수도 서울시민이라는 자부심 같은 것도 작용했을 테니까요. 그 주민들의 마음도 이해 못 할 바는 아닙니다. 경기도 광명시민보다는 서울특별시민이 훨씬 멋있지 않습니까? 암만!

하천변을 따라 구일역 근처까지 오면 또 다른 하천인 목감천이 안양천과 합류합니다. 시흥시 목감에서 발원해서 광명시와 구로구를 경계로 흘러 안양천과 합류한 후 한강으로 흘러가는 하천입니다. 규모가 점점 커져서 어느 날 갑자기 국가하천으로 승격된 조금 이상한 하천이기도 합니다. 강(江)과 천(川), 그리고 소하천(小河川)은 어떻게 구별할까요?

이렇게 말하면 이해가 빠를 것 같습니다. 흘러서 바다로 가면 강이요 흘러서 강으로 가면 하천이고 흘러서 하천에 닿으면 이른바 '또랑'이라고도 불리는 소하천이라고. 어릴 적 부르던 동요 하나가 이런 하천의 종류와 특성을 잘 말해주고 있습니다.

냇물아 흘러 흘러 어디로 가니/강물 따라가고 싶어 강으로 간다
강물아 흘러 흘러 어디로 가니/넓은 세상 보고 싶어 바다로 간다

가볍게 시작한 안양천 산책은 6시간이 넘어서야 마무리되었습니다. 아주 천천히 걸었음에도 등에 땀이 차고 종아리가 제법 뻐근할 정도입니다. 다음에는 영등포, 양천을 지나 한강에 합류하는 지점까지 가 볼

생각입니다. 거기에는 또 다른 사연과 감상이 기다리고 있을 것입니다.

지워지지 않는 촌놈 유전자

　고향에서 중학교를 졸업하고 창원으로 고등학교를 진학하면서 이른바 도시라는 것을 처음 구경했습니다. 처음 접하는 도시 생활은 좀처럼 적응하기가 어려웠습니다. 적응되지 않았던 일 중에서 제일 힘들었던 것은 수세식 화장실이었습니다.
　시골에서 태어나서 그때까지 통시라고 부르고 푸세식 화장실이라고도 불리는 재래식 화장실에 길들여 있던 사람이 갑자기 수세식 화장실을 사용하려니 뱃속은 가득 차서 미칠 지경인데 막상 화장실에 쪼그리고 앉기만 하면 영 일을 볼 수 없어 한동안 끙끙대야 했습니다.
　곳곳에 지뢰밭처럼 깔린 낯선 모습들도 저를 당혹스럽게 했습니다.
　고향에는 신호등 자체가 없었기 때문에 초등학교에서도 신호등에 대한 교육 같은 것은 받지 않았습니다. 도시의 도로는 온통 신호등으로 번쩍이고 있었습니다. 하지만 그것을 언제 건너고 멈추어야 할지 몰라서 당황스럽기가 이만저만이 아니었습니다.
　빨간 불에 건너야 할지 녹색 불에 건너야 할지 종잡을 수 없었습니다.

애초부터 신호등이라는 것이 머릿속에 박혀 있지 않다 보니 다른 사람들이 몇 번이고 녹색 불에서 건너라고 가르쳐 주어도 제대로 입력되지 않습니다. 남들이 건너는 것을 보고 조심스럽게 따라 건너거나 차들이 빨간 신호에 서고 나면 이리저리 눈치를 보다가 후다닥 뛰어 건너느라 한 번씩 건널 때마다 진땀을 흘려야 했습니다.

빨간색은 위험을 뜻하고 녹색은 안전을 의미한다는 개념 자체가 장착돼 있지 않았기 때문에 왜 빨간색에서 정지하고 녹색은 건너도 되는지 이해하기 쉽지 않았습니다.

거기다 황색등은 또 어쩌란 말인지.

도시 생활에 적응하지 못해서 난처했던 많은 경험은 단순한 낯섦 같은 것이 아니라 저의 몸속에 깊이 배어 있는 이른바 '촌놈 유전자' 때문입니다.

이제는 어느 개그맨의 말처럼 거의 '도시 사람이 다 되어분졌을' 텐데도 문득문득 처음 도시로 나왔을 때의 엉뚱한 행동이 저도 모르게 나오곤 합니다. '촌놈 유전자'는 아무리 도시에서 오래 산다고 해도 고칠 수 없는 모양입니다.

보통 엘리베이터를 탈 때는, 올라갈 때는 올라가는 스위치를 누르고 내려갈 때는 내려가는 스위치를 누르는 것이 상식인데 이 촌놈은 그걸 자기 마음대로 해석해서 엉뚱한 일이 벌어지곤 합니다. 이런 식입니다.

엘리베이터를 탈 때 올라가거나 내려가는 방향 표시를 먼저 누르는 것이 아니라 엘리베이터가 있는 층을 확인해서 엘리베이터가 위에 있으면 내려오라고 내려가는 스위치를 누르고, 아래에 있으면 엘리베이터를 불러올리기 위해서 올라가는 스위치를 누릅니다. 그리고 나서 엘리베이터를 탄 다음에 가려는 층 번호를 누릅니다.

그러니 올라가려 하면 내려가고, 내려가려 하면 올라가는 일이 종종 벌어지곤 합니다.

유치원생도 아니고 다 큰 성인한테 엘리베이터 사용법 같은 것을 따로 가르쳐 주는 사람이 어디 있느냐고 힐난해도 변명의 여지는 없지만 독학으로(?) 곁눈질해서 배운 엘리베이터 사용법은 이렇듯 특이합니다. 이런 해괴망측한 사용법이 어떻게 머리에 입력되었는지는 알 수 없지만 이 또한 '촌놈 유전자'가 낳은 해프닝이 아닐까 싶습니다.

어머니도 한 번씩 다니러 오실 때마다 제일 무서워하던 것이 엘리베이터와 지하철역에 설치되어 있는 에스컬레이터였는데 어머나 그 아들이나 별 차이는 없어 보입니다.

촌놈 유전자는 식생활이나 입맛에서도 여지없이 위력을 드러냅니다. 태어나서 10살 내외의 환경이 전 생애에 결정적 영향을 미치고 정체성 확립에 가장 큰 요인이 된다고 했습니다.

비가 부슬부슬 내리면 부추에 맵싹한 풋고추를 송송 썰어 넣고 부침개를 부쳐서 막걸리 한 잔을 마시고 싶은 생각이 스멀스멀 올라옵니다.

초겨울로 접어들어 쌀쌀해지기 시작하면 뚝배기에 뽀글뽀글 끓는 청국장의 쿰쿰한 냄새가 발걸음을 재촉합니다. 그런 생각은 여름이라고 다를 바 없습니다. 늙은 오이를 칼로 길쭉길쭉하게 채 썰어서 고추장을 살짝 넣은 양념에 조물조물 노각무침을 만들어 무치던 바가지에다 뜨거운 밥 한 공기를 넣고 쓱쓱 비벼 먹을 생각만 해도 군침이 절로 돕니다. 이런 입맛들은 어디 기록해 놓은 것도 아니련만 때만 되면 아내를 들볶곤 합니다.

아이들은 도시에서 태어나서 그런지 도시를 떠나면 불편하고 견디질 못할 때가 많습니다.

어머니를 뵈러 한 번씩 고향에 들를 때면 도통 음식을 먹지 못합니다. 경상도 음식의 3대 특징은 '맵고 짜고 맛없다.'라고 했는데 공감되긴 합니다.

인스턴트와 조미료에 길들여진 아이들에게 시골 할머니 음식이 맞을 리 만무하지만 그래도 손주들 왔다고 일부러 음식을 했는데 먹지 않으니 야속합니다. 그건 할머니의 음식뿐 아니라 고향 식당에서 파는 음식도 마찬가지여서 결국 아이들이 먹는 것은 김밥 같은 것뿐입니다. 음식 투정한다고 나무라면 도리어 아이들은 어떻게 이런 음식을 먹고 자랐는지 이해할 수가 없다고 합니다. 저는 할머니가 해주는 음식이 제일 맛있다고 말해도 아이들은 고개를 설레설레 저으며 전혀 믿기지 않는다는 표정을 짓습니다.

지금까지 도시에서 살면서 '촌놈 유전자'를 의식하지 않고 살았습니다. 그 촌놈 유전자가 가끔 꽉 짜인 일상의 틈을 비집고 올라오거나 감시가 덜한 틈틈이 고개를 들이미는 것 같습니다.

여우는 아니지만 나이가 들면 고향 땅의 냄새를 그리워하고 그곳에서 만년을 마무리하고 싶은 것이 고향을 떠나온 사람들의 소망이라고 합니다. 그런 소망마저 가지지 못하는 저는 뼛속 깊이 아로새겨진 그 '촌놈 유전자'들이 그것을 대신하고 있습니다.

아무리 용을 쓰고 발버둥 쳐도 귤은 귤이고 탱자는 탱자입니다. 결코 귤이 탱자가 될 수는 없습니다. 옮겨심은 흙과 공기가 달라졌으니 모양이야 비슷하게 바뀌겠지만 본질이 어찌 변하겠습니까? 달라진 귤의 향기는 오히려 탱자를 더 그리워하도록 만들 뿐입니다.

시골노트

대지에 희망이 움트기 시작하면

"앙상하던 가지에 물이 오르기 시작하더니 어느새 홍매화가 맺히고 영산홍이 불타고 있습니다. 봄은 보란 듯이 문득 그렇게 우리 곁에 와 있습니다."

"땅은 땀 흘린 만큼 과실을 내준다고 했습니다. 작은 소출이지만 이것 또한 시골 생활이 주는 보람이려니, 고맙게 받겠습니다."

맺음말

한동안 처박아 놓은 글 밭을 슬그머니 들여다봅니다. 조금이나마 자라고 숙성되었기를 바라는 은근한 기대는 여지없이 무너집니다. 글 밭은 잡초 무성한 풀밭이 되어 있습니다.

화단에는 항상 화초보다 잡초가 빨리 자라는 법이지요.

잡초에 짓눌려 시들해지고 기마저 꺾인 글들을 몇 포기라도 살려내려면 저 무성한 풀들을 모두 뽑아내야 할 텐데 그러고 나면 과연 쓸만한 단어와 문장이 몇 포기나 남아 있을 것인지.

아예 밭을 갈아엎고 다시 씨앗을 뿌려 싹이 트기를 바라는 것이 낫지 않을까 고민도 해 봅니다만 그러기에는 그동안 들인 공이 아깝고 그럴 기운도 남아 있지 않습니다.

어떻게든 몇 포기라도 살려보려고 무성한 풀들을 하나씩 뽑아나갑니다. 시들해진 글들을 헤쳐가며 잡초를 뽑다 보면 단어와 문장 사이로 다시 햇볕이 들고 조금씩 생기가 되살아나기를 바랄 뿐입니다. 살아가는 것만큼이나 글 밭을 일구는 일 또한 힘겹기는 마찬가지입니다. 그래도 써야 합니다. 다시 잡초가 무성해질지라도 뽑고 또 뽑으면서 그렇게.

잡초투성이 글 밭을 함께 헤치며 괴발개발인 글들을 펴고 다듬고 되살릴 수 있도록 이끌어 주신 미다스북스의 안채원 편집자님께 깊은 감사의 인사를 전합니다.

2025년 8월
망미재에서.